W0330189

LA CIVILTÀ CATTOLICA

LA CIVILTÀ CATTOLICA

Revue de culture fondée en 1850

Rédaction
Antonio Spadaro sj (directeur)
Giancarlo Pani sj, Domenico Ronchitelli sj, Giovanni Cucci sj,
Diego Fares sj, Francesco Occhetta sj, Giovanni Sale sj,
Claudio Zonta sj

Correspondants dans le monde
Federico Lombardi (Italia), George Ruyssen (Belgium),
Fernando De la Iglesia (Spain), Drew Christiansen (USA),
Andrea Vicini (USA), David Neuhaus (Israel),
Camilo Ripamonti (Italy), Vladimir Pachkow (Russia),
Arturo Peraza (Venezuela), Bert Daelemans (Belgium),
Thomas Reese (Usa), Paul Soukup (Usa),
Friedhelm Mennekes (Germany), Marcel Uwineza (Rwanda),
Marc Rastoin (France)

Édition francophone coordonnée par Marc Larivé,
directeur de la publication

© La Civiltà Cattolica, 2020
Via Di porta Pinciana, 1 – I. 00187 Roma (Italia)

© Éditions Parole et Silence, 2020
Le Muveran – CH-1880 Les plans sur Bex
ISBN 978-2-88959-158-9

ANNÉE 5 2020
N. 0120

LA CIVILTÀ CATTOLICA

BEATUS POPULUS, CUIUS DOMINUS DEUS EIUS

Parole et Silence

SOMMAIRE 0120

2020 N° 1
Mensuel
Année 5

SOMMAIRE 0120

DOCUMENTS

Il y a 170 ans, le bienheureux Pie IX a demandé à la Compagnie de Jésus de fonder « La Civiltà Cattolica ». Depuis, elle accompagne fidèlement le Pape, merci pour l'aide que vous m'apportez à moi aussi.

Le Secrétaire d'État du Saint-Siège, le Card. Pietro Parolin, a pris la parole le 1er février dernier lors de la présentation du livre *Essere mediterranei. Fratelli e cittadini del « Mare Nostro »* (Être méditerranéen. Frères et citoyens de la « Mare Nostro »), résultat d'un séminaire organisé en 2019 par notre revue à la suite de la signature du *Document sur la Fraternité Humaine* par le Pape François et le Grand Imam d'al-Azhar, al-Tayyeb. Le Card. Parolin a traité de la « vision méditerranéenne » et de la perspective de fraternité qui se dégagent de l'ouvrage, en considérant des scénarios de crise présents dans la région. Il a rappelé les étapes du chemin qui a conduit à la signature du Document à Abou Dhabi et souligné son importance pour la réflexion sur la citoyenneté dans tous les pays côtiers, un thème de grande actualité actuels.

ARTICLES

La crise mondiale prend des formes diverses et s'exprime par des conflits, des tarifs douaniers, des fils barbelés, d'importants flux migratoires, la chute de régimes, de nouvelles alliances menaçantes et de nouvelles routes commerciales qui ouvrent la voie à la richesse, mais aussi aux tensions. Quel est le sens de l'histoire que nous vivons ? Quelle est la tâche de l'Église dans ce scénario complexe ? S'agira-t-il d'annoncer la fin imminente de ce « monde » ou d'être un mur de soutènement pour éviter la catastrophe ? Y a-t-il une troisième possibilité, subversive vis-à-vis des théologies politiques apocalyptiques qui se répandent dans le monde ? L'article aborde ce sujet et indique ce qui pourrait, en fin de compte, être le véritable « défi face à l'apocalypse ».

La révolution numérique touche aussi le domaine des relations. Du point de vue du transhumanisme, la différence entre l'homme et la machine deviendra de plus en plus floue, jusqu'à leur fusion en un être hybride ou la création des types d'unions inédites, capables de dépasser les limites fixées par l'autre. Les nouvelles découvertes voudraient surtout remédier à la solitude et aux difficultés de communication qui ont toujours caractérisé les relations, jusqu'à rendre possible la création de liens émotionnels avec des robots qui présentent des traits en tous points humains. L'article présente quelques scénarios – en fait déjà mis en œuvre dans quelques pays – et les coûts possibles de ces innovations, reprenant la leçon toujours actuelle de la mythologie classique.

1870-2020 : LA CIVILTA CATTOLICA

Pape François

Il y a 170 ans, le bienheureux Pie IX a demandé à la Compagnie de Jésus de fonder « La Civiltà Cattolica ». Depuis, elle accompagne fidèlement le Pape, merci pour l'aide que vous m'apportez à moi aussi.

Continuez à vivre la dynamique de la vie et de la pensée avec des yeux qui écoutent, sachant que la « civilisation catholique » est celle du bon Samaritain.

Je vous souhaite d'être créatifs en Dieu alors que vous explorez de nouvelles voies, grâce aussi au nouveau souffle international qui anime la revue : Que l'on entende monter des pages les voix de nombreuses frontières qui s'écoutent.

Discerner les langues, combattre la haine, la méchanceté et les préjugés. Et surtout, ne vous contentez pas de faire des propositions de raccommodage ou de synthèse abstraite : acceptez plutôt le défi des préoccupations débordantes du temps présent, où Dieu est toujours à l'œuvre.

Traduction Sœur Pascale Nau op

© La Civiltà Cattolica 2020 I 11-11 | 0120

ÊTRE MÉDITERRANÉEN

Frères et citoyens de la « Mare Nostro »

Card. Pietro Parolin

Dans l'après-midi du 1er février à Rome, au siège de « *La Civiltà Cattolica* », le Secrétaire d'État du Saint-Siège, Card. Pietro Parolin, et le président du Conseil des ministres, prof. Giuseppe Conte, ont présenté le livre *Essere mediterranei. Fratelli e cittadini del « Mare Nostro »* (Être méditerranéen. Frères et citoyens de la « Mare Nostro »). Cette réunion a été animée par le rédacteur en chef de notre revue et éditeur du livre, le P. Antonio Spadaro sj. Nous rapportons ci-dessous l'intervention du Cardinal[1].

***

J'adresse un salut cordial au Premier ministre, le prof. Giuseppe Conte, et à toutes les personnes présentes.

Je remercie le directeur de *La Civiltà Cattolica*, P. Antonio Spadaro, pour l'aimable invitation à participer à cette rencontre et à partager avec vous quelques réflexions sur les deux livres que nous vous présentons aujourd'hui. Le premier a pour titre *Essere mediterranei. Fratelli e cittadini del « Mare Nostro »* et le second s'intitule *Fratellanza* (Fraternité)[2]. Les deux sont une expression du travail culturel de *La Civiltà Cattolica*.

Je profite de cette occasion pour féliciter la revue, qui célèbre cette année ses 170 ans d'existence et de service à l'Église et au Pape. C'est l'un des plus anciennes revues du monde et véritablement « unique en son genre[3] ». Je fais miennes les souhaits que

1. Les textes des discours du président Conte et du directeur sont publiés sur le site Internet de la revue : www.laciviltacattolica.it/articolo/il-card-parolin-e-il-presidente-del – consiglio-conte-a-la-civilta-cattolica.

2. *Essere mediterranei. Fratelli e cittadini del « Mare Nostro »*, Milan – Rome, Ancora – La Civiltà Cattolica, 2020 ; *Fratellanza,* Rome, *La Civiltà Cattolica*, 2020.

3. François, *Discours à la communauté des rédacteurs de la revue italienne « La Civiltà Cattolica »*, 14 juin 2013.

© La Civiltà Cattolica 2020 I 13-27 | 0120

saint Jean XXIII a adressés aux jésuites de la revue le 9 février 1963 : qu'il devienne « plus jeune en vieillissant[4] » !

La « vision méditerranéenne » et la perspective de la fraternité

Le thème d'aujourd'hui est la Méditerranée : un lieu d'échange et de communication spirituelle, synonyme de rencontre, et parfois aussi de conflit, entre les peuples et les cultures des trois continents qui l'entourent.

Ce soir, nous voulons la considérer sous l'angle de l'événement que la Conférence épiscopale italienne va promouvoir à Bari ce mois-ci, sous le titre « La Méditerranée, une frontière de paix ». Le volume de *La Civiltà Cattolica* est une contribution importante au débat sur le thème de la *Mare nostrum* en cette phase historique marquée par la turbulence politique et sociale. Il recueille des écrits d'une vingtaine d'universitaires, de chercheurs et de journalistes, dont certains proviennent de divers pays méditerranéens. Les voix écoutées dans ces pages sont catholiques, orthodoxes, juives et islamiques. Il n'est pas possible de parler de la Méditerranée sans inclure toutes ces voix ensemble. Ce serait transformer le son d'un orchestre en chant de soliste.

Dans son introduction, le P. Antonio Spadaro parle d'une « vision » méditerranéenne « à la fois théologique et historique », façonnée par les « trajectoires politiques, économiques et culturelles qui, au fil des siècles, se sont ouvertes par terre et par mer ». En effet, la Méditerranée « a été et est capable de générer des valeurs, des symboles, des couleurs, des saveurs, des architectures, des langues et des sensibilités insoupçonnées et harmonieuses, malgré la différence des histoires et malgré la présence de conflits : de l'Espagne à la Grèce, du Maroc au Liban, de Malte à l'Albanie[5] ».

4. Cité dans G. Sale – A. Spadaro, *Il coraggio e l'audacia. Da Pio IX a Francesco. « La Civiltà Cattolica » raccontata da dodici Papi 1850-2016*, Milano, Rizzoli, 2017, 31.

5. *Essere mediterranei,* 11.

Page après page, le lecteur est confronté aux perspectives et aux graves problèmes du parcours de l'homme vers la fraternité, considérée comme un horizon possible. De fait, c'est précisément la reconnaissance de la fraternité qui change la perspective de la lecture et conduit à une réflexion sur le concept de citoyenneté qui « repose sur l'égalité des droits et des devoirs à l'ombre desquels chacun jouit de la justice[6] ».

L'ouvrage regarde, en effet, la Méditerranée à partir d'une date précise : le 4 février de l'année dernière, quand le Saint-Père et le Grand Imam de l'Université d'Al-Azhar, Cheikh Ahmed Al-Tayyeb, ont signé, à Abou Dhabi, le *Document sur la Fraternité Humaine pour la paix dans le monde et la coexistence commune*, un texte significatif qui mérite d'être compté parmi les efforts créatifs pour sauvegarder la paix. Ainsi, la fraternité trouve dans la Méditerranée des trois monothéismes un sens profond, et le volume que nous présentons a l'avantage de faire entendre les attentes, les espoirs et les préoccupations de tous les pays côtiers, sans exclure aucun.

La perspective de fraternité se manifeste aussi dans l'attention portée aux réfugiés et aux migrants, d'autant plus que le premier voyage apostolique du pape François a été au cœur de la Méditerranée, avec la visite à Lampedusa, le 8 juillet 2013. En cette occasion, le Saint-Père a reproposé une question fondamentale de l'Écriture : « “Caïn, où est ton frère ?”. Le rêve d'être puissant – dit le Pape – d'être grand comme Dieu, ou plutôt d'être Dieu, génère une chaîne d'erreurs, qui est une chaîne de mort, porte à verser le sang du frère […] ; nous ne sommes plus capables non plus de nous garder les uns les autres[7] ».

Si la perspective est celle de Caïn, la Méditerranée ne peut devenir qu'un grand cimetière, comme l'a dit à plusieurs reprises le Pape [8], pour qui, nous sommes au contraire appelés à briser la logique de Caïn et à nous reconnaître et nous protéger

6. *Document sur la Fraternité Humaine pour la paix dans le monde et la coexistence commune*, Abou Dhabi, 4 février 2019.

7. Id., *Homélie à Lampeduse*, 8 juillet 2013.

8. Cf. Id., *Discours au Corps diplomatique accrédité près le Saint-Siège pour la présentation des vœux pour la nouvelle année*, 9 janvier 2020.

mutuellement comme des frères. Le risque est toujours de faire de l'autre un concurrent, un ennemi à combattre et non un frère[9].

Dès le début de son pontificat, la fraternité a été un thème important pour le pape François : « Prions toujours pour nous : l'un pour l'autre. Prions pour le monde entier afin qu'advienne une grande fraternité[10] », pour qu'il y ait « un chemin de fraternité, d'amour, de confiance entre nous[11] », a-t-il dit en regardant pour la première fois depuis la loggia de la basilique Saint-Pierre immédiatement après l'élection.

Dans la perspective à laquelle le pape François nous a introduits dans son ministère plein de gestes emblématiques, on comprend que les termes « méditerranéen » et « fraternité » forment un binôme.

Or, c'est précisément au *Document sur la fraternité* qu'est dédié l'autre volume que nous présentons ce soir et qui a été publié sous le patronage du Haut comité pour la fraternité humaine, un comité composé de leaders religieux, de spécialistes dans le domaine de l'éducation et de personnalités du monde de la culture qui se consacrent au partage du message de compréhension mutuelle et de paix du Document. Le Haut Comité est présidé par Son Éminence le Card. Miguel Ángel Ayuso Guixot, président du Conseil pontifical pour le dialogue interreligieux, qui a signé la préface du livre.

Certes, le *Document sur la fraternité* est porteur d'une vision du monde plus large qu'en Méditerranée. Je me souviens que le Saint-Père en a fait don au Patriarche suprême des bouddhistes en Thaïlande et l'a mentionné à plusieurs reprises au Japon. Cependant, dans le Document, son application à la perspective méditerranéenne et aux problèmes particuliers qui la concernent reste claire, à commencer par la nécessité d'une idée commune de citoyenneté, fondamentale pour la vie ensemble, notamment entre musulmans et chrétiens.

9. Cf. Id., *Discours au Corps diplomatique accrédité près le Saint-Siège*, 22 mars 2013.

10. Id., *Premier salut et bénédiction « Urbi et Orbi »*, 13 mars 2013.

11. *Ibid.*

La citoyenneté : De Jean-Paul II au pape François

L'un des axes de réflexion du *Document sur la Fraternité Humaine* est la citoyenneté. Pour l'Église catholique, c'est le point de départ d'un chemin engagé avec la Déclaration conciliaire *Nostra aetate* et du parcours méditerranéen vers la citoyenneté commune, commencé il y a 29 ans, lorsque Saint Jean-Paul II a convoqué le Synode spécial pour le Liban.

Le Synode pour le Liban fut convoqué le 12 juin 1991, quand la situation dans le pays était dramatique, et l'invitation à toutes les autres Églises et Communautés ecclésiales d'y participer, afin de discerner les priorités spirituelles et pastorales à promouvoir dans ce contexte particulier, était d'une grande importance. Puisqu'il s'agissait de la reconstruction matérielle et spirituelle du pays, Jean-Paul II étendit l'invitation également aux communautés musulmanes et druzes, et elles l'acceptèrent. À la suite des travaux synodaux, Jean-Paul II a publié l'Exhortation *Une espérance nouvelle pour le Liban*, dont je voudrais maintenant souligner deux points.

Le premier concerne la citoyenneté. « Il est évident – écrivait Jean-Paul II – que les chrétiens du Liban, comme tous leurs concitoyens, espèrent jouir des conditions nécessaires à l'épanouissement de leur personne, de leur famille, dans le respect de leurs traditions culturelles et spirituelles. En particulier, ils aspirent à la tranquillité, à la prospérité, à une réelle reconnaissance des libertés essentielles, celles qui sauvegardent toute dignité humaine et qui permettent la pratique de la foi ; ils aspirent à un respect sincère de leurs droits et de ceux des autres ; enfin à une justice qui consacre l'égalité de tous devant la loi et qui permet à chacun de prendre sa part de responsabilité dans la vie sociale[12] ».

Le second concerne le rapport des chrétiens du Moyen-Orient avec la culture arabe. Le Pape a écrit : « Je voudrais insister sur la nécessité pour les chrétiens du Liban de maintenir et de resserrer leurs liens de solidarité avec le monde arabe. Je les invite à

12. Jean-Paul II, S., Exhortation post-synodale *Une espérance nouvelle pour le Liban,* n° 17.

considérer leur insertion dans la culture arabe, à laquelle ils ont tant contribué, comme un lieu privilégié pour mener, de concert avec les autres chrétiens des pays arabes, un dialogue authentique et profond avec les croyants de l'Islam. Vivant dans une même région, ayant connu dans leur histoire des heures de gloire et des heures de détresse, chrétiens et musulmans du Moyen-Orient sont appelés à construire ensemble un avenir de convivialité et de collaboration, en vue du développement humain et moral de leurs peuples[13] ».

En 2010, le pape Benoît XVI présida, du 10 au 24 octobre, un nouveau Synode, cette fois pour tout le Moyen-Orient. L'Exhortation apostolique *Ecclesia in Medio Oriente* confirme cette indication. Benoît XVI a, en effet, écrit : « Les catholiques du Moyen-Orient dont la majorité sont des citoyens natifs de leur pays, ont le devoir et le droit de participer pleinement à la vie nationale en œuvrant à l'édification de leur patrie. Ils doivent jouir d'une pleine citoyenneté et ne pas être traités en citoyens ou en croyants mineurs. Comme par le passé où, pionniers de la renaissance arabe, ils ont été partie intégrante de la vie culturelle, économique et scientifique des diverses civilisations de la région, ils désirent aujourd'hui, encore et toujours, partager avec les musulmans leurs expériences en apportant leur contribution spécifique[14] ».

En 2014, le pape François a voulu consacrer un consistoire spécial au Moyen-Orient, juste au moment où de terribles nouvelles concernant des communautés entières, y compris la communauté chrétienne de Mossoul, arrivaient de ces terres. À cette occasion, le Saint-Père a averti qu'« un grand nombre de nos frères sont persécutés et ont dû quitter leurs maisons, parfois brutalement ». Il a poursuivi : « Il semble que l'on ait perdu la conscience de la valeur de la vie humaine, il semble que la personne ne compte pas et que l'on peut la sacrifier à d'autres intérêts. Et tout cela, malheureusement, dans l'indifférence de nombreuses personnes[15] ».

13. *Ibid.*, n° 93.
14. Benoît XVI, Exhortation apostolique *Ecclesia in Medio Oriente, n°* 25.
15. François, *Paroles au Consistoire ordinaire publique,* 20 octobre 2014.

Les étapes vers le Document signé à Abou Dhabi

La réflexion sur la question de la citoyenneté est aussi menée à cette époque dans le milieu islamique et, en particulier, dans la prestigieuse Université d'Al-Azhar.

Nous savons que, même si la première Constitution islamique – celle de Médine, attribuée à Mahomet, dans le texte reçu par ibn Ishaq – ne discrimine pas sur la base de différentes appartenances religieuses, dès les premiers siècles le concept de « protection » a été affirmé. Les peuples du Livre, c'est-à-dire les monothéistes non musulmans, avaient droit à être protégés, en échange du paiement de la taxe de capitation, mais pas à une citoyenneté égale, qui était limitée de diverses façons selon les lieux et les époques. Le statut du dhimma, c'est-à-dire le pacte de protection entre le gouvernement musulman et les sujets non musulmans, a entraîné des conséquences importantes pour l'identité collective et la conscience de communautés entières.

Le concept de « nation », qui, jusqu'au 19e siècle, n'existait pas en arabe, a toujours été interprété en termes ethniques ou religieux. Maintenant, l'importante institution sunnite d'Al-Azhar la configure en termes géographiques, dans le cadre de la patrie commune, où les gens peuvent vivre ensemble, sur un pied d'égalité, sans subordination ethniques ou religieuse.

En 2015, il y eut l'importante rencontre sur « Terrorisme et fondamentalisme », organisée par l'Université islamique d'Al-Azhar, ainsi que beaucoup d'autres initiatives sur ce thème dans le monde islamique.

La dénonciation du terrorisme a été suivie, en mars 2017, d'un important colloque, deux jours de discours et de débats, sur le thème de la citoyenneté. Plus de 600 délégués, y compris des politiciens, des universitaires, des leaders religieux chrétiens et musulmans de 50 pays, se sont réunis pour cette Conférence sur « Liberté, citoyenneté, diversité et intégration » au Caire, organisée conjointement par l'Université d'Al-Azhar et le Conseil des sages musulmans basé à Abou Dhabi. Ils ont signé la *Déclaration de coexistence mutuelle islamo-chrétienne*, qui condamne le recours à la violence au nom de la religion et indique dans le principe de citoyenneté le critère à appliquer pour assurer la coexistence pacifique et fructueuse entre les personnes appartenant à des confessions et communautés religieuses différentes.

Le Grand Imam d'Al-Azhar a lui-même exposé le contenu et donné la clé d'interprétation de la Déclaration, en rappelant la nécessité d'appliquer les principes de citoyenneté, d'égalité et d'État de droit pour lutter contre la discrimination et les mauvais traitements. De nombreuses voix dans le camp chrétien se sont alors élevées pour souligner la signification historique de ces paroles.

Dans le premier article de la Déclaration, il est question de « l'égalité des droits des musulmans et des chrétiens dans leur pays, les considérant comme une unique *umma*/nation ». L'article 6 déclare que l'ambition est de promouvoir un nouveau partenariat, « un nouveau contrat entre les citoyens des pays arabes, musulmans, chrétiens ou d'autres croyances ». Ce contrat est basé sur « la reconnaissance mutuelle, la citoyenneté et la liberté ».

Cela a conduit au voyage du pape François au Caire, où il est intervenu à la Conférence organisée par l'Université d'Al-Azhar le 28 avril 2017. L'évènement est largement traité dans le *Fratellanza*, qui contient, enfin, la traduction italienne du discours prononcé par le Grand Imam lors de la rencontre interreligieuse à Abou Dhabi le 4 février 2019. La perspective de la fraternité a d'ailleurs été évoquée par le Saint-Père dans cette même salle : « l'unique alternative à la civilisation de la rencontre, c'est la barbarie de la confrontation, il n'y en a pas d'autre. Et pour s'opposer vraiment à la barbarie de celui qui souffle sur la haine et incite à la violence, il faut accompagner et faire mûrir des générations qui répondent à la logique incendiaire du mal par la croissance patiente du bien : des jeunes qui, comme des arbres bien plantés, sont enracinés dans le terrain de l'histoire et, grandissant vers le Haut et à côté des autres, transforment chaque jour l'air pollué de la haine en oxygène de la fraternité[16] ».

16. Id., *Discours aux participants à la Conférence internationale pour la paix*, Le Caire, 28 avril 2017.

C'est la demande d'un saut de qualité et de sensibilisation. La pratique séculaire de la protection des minorités a introduit cette prise de conscience dans la vie et la culture, y compris des personnes protégées. C'est aussi pour cette raison que j'ai moi-même noté, au Consistoire de 2014, que « Les catholiques, comme un petit troupeau, ont la vocation d'être un levain dans la masse. Ces derniers, unis entre eux et avec les fidèles des autres Églises et confessions chrétiennes, et en collaboration avec ceux qui appartiennent à d'autres religions, en particulier avec les musulmans, sont appelés à être des artisans de paix et de réconciliation et, sans céder à la tentation de chercher à être sauvegardés ou protégés par les autorités politiques ou militaires en place pour "garantir" leur survie, ils doivent offrir une contribution irremplaçable aux sociétés respectives qui se trouvent dans un processus de transformation vers la modernité, la démocratie, l'État de droit et le pluralisme[17] ».

J'ai indiqué seulement quelques-unes des étapes du chemin qui a permis d'arriver à Abou Dhabi. Nous avons perçu dans beaucoup de mobilisations qui ont traversé l'Afrique du Nord et le Moyen-Orient l'année dernière le désir de se sentir citoyens. L'Assemblée des patriarches et des évêques catholiques du Liban et le patriarche chaldéen, S. B. Card. Louis Raphael I Sakos, en ont parlé en termes de dépassement du confessionnalisme politique qui afflige tant ces pays et à cause de laquelle beaucoup ont du mal à sentir leur commune identité nationale.

La citoyenneté est donc le point d'arrivée du *Document sur la Fraternité Humaine*, mais c'est aussi une exigence qui concerne les pays de la rive nord de la Méditerranée. Les pays avec une tradition démocratique ancienne sont confrontés à des défis tout aussi complexes, également liés à l'espace public, mais dans un autre sens, à commencer par l'accueil et l'intégration des migrants. Par exemple, dans le débat sur le rapport entre la migration et le développement, la contribution des migrants au progrès des pays de destination n'a pas été pleinement reconnue. Dans ce contexte

17. P. PAROLIN, *Intervention au Consistoire ordinaire publique sur le Moyen Orient,* 20 octobre 2014.

aussi, il faudrait mieux aborder la question de la citoyenneté, qui reste le mot-clé pour encourager un processus d'intégration sain de ceux qui débarquent sur les côtes européennes et pour éviter les phénomènes de ghettoïsation, qui ne sont rien d'autre que l'incubateur de nouvelles violences.

La Méditerranée et ses crises aujourd'hui

Le langage et la perspective communs que le *Document sur la Fraternité Humaine* offre à tous permettent aux chrétiens, aux juifs et aux musulmans de rechercher une lecture commune des problèmes. L'idée qu'une nation doit être religieusement compacte persiste encore aujourd'hui dans le confessionnalisme politique, comme si les communautés religieuses individuelles étaient effectivement des nations au sens moderne du terme. Cette confusion terminologique a effacé, dans de nombreux pays d'Orient, le sentiment d'appartenance nationale, de citoyenneté, réduisant ainsi les minorités religieuses à des « nations minoritaires » d'un même pays.

Il s'agit d'un processus né à l'époque de la décolonisation, quand on cherchait à répondre aux attentes de justice sociale et de redistribution des ressources, en un moment historique de changement social radical, marqué par un processus significatif d'urbanisation qui a caractérisé toutes les rives de la Méditerranée. Cependant, l'incapacité à répondre aux attentes de la population a, d'une part, provoqué la militarisation des gouvernements et, d'autre part, favorisé l'émergence d'une nouvelle opposition, l'« islam politique », également fondé sur l'idée que la justice sociale viendrait avec l'application de la *charia*, la loi islamique.

La confrontation politique s'est rapidement orientée vers une confrontation amère entre le panarabisme et le panislamisme, dont les caractéristiques extrêmes émergent dans la tragédie syrienne. Le livre *Essere mediterranei* en rend largement compte, en mettant l'accent sur le fait que les soulèvements populaires de 2011, qui appelaient à la liberté, la démocratie et la dignité, ont été remplacés par une lutte acharnée entre un nationalisme répressif et des tendances panislamistes qui ont atteint différentes formes de terrorisme djihadiste. Je voudrais rappeler que les partisans des manifestations pacifiques ont été parmi les victimes des violences contraires.

En Syrie, comme dans d'autres pays touchés par ce qui a été défini comme le « printemps arabe », les communautés chrétiennes, privées de citoyenneté égale depuis des siècles, ont à juste titre craint pour leur sort en raison de la férocité inhabituelle de l'action terroriste à leur encontre, dont témoignent les nombreuses attaques et massacres en Égypte, la déportation de Mossoul et la destruction par bulldozer du couvent syrien de Mar Elian.

Il faut donc être vigilant. Il ne s'agit pas d'invoquer la « protection » de l'une ou l'autre communauté religieuse par le pouvoir mais de garantir des droits fondamentaux aux personnes qui font partie d'une même famille humaine. Le lieu approprié pour la défense des chrétiens est la protection de la personne et le respect des droits de l'homme, en particulier ceux de la liberté religieuse et de la liberté de conscience.

« C'est précisément pour cette raison qu'il est nécessaire de promouvoir et de développer le concept de "citoyenneté" comme point de référence pour la vie sociale, en garantissant les droits de tous les citoyens au moyen d'instruments juridiques adéquats[18] ». D'un autre côté, là où la citoyenneté n'est pas suffisamment protégée, la société finit facilement par se polariser et les terroristes prospèrent sous ces pouvoirs qui, dans le conflit syrien, ont poussé « les franges les plus frustrées de la population à se réfugier sous les drapeaux noirs de l'islam fondamentaliste. D'où la tentation, de la part de ceux qui sont relégués au rang de "minorités", de confier complètement leur destin à des régimes considérés comme un rempart de protection contre le terrorisme[19] ».

En Syrie, on reste très inquiet à cause de la tragédie humanitaire d'Idlib, qui a poussé le Saint-Père à écrire une lettre, datée du 28 juin 2019, au président Bashar Hafez Al-Assad. Le pape

18. A. Spadaro, « Egitto, terra di civiltà e di alleanza », *Fratellanza,* 56.
19. Cf. *ibid.*, note 9.

François avait déjà écrit au président en décembre 2016, l'appelant à protéger les civils pris au piège dans la bataille d'Alep. François lui a de nouveau demandé de faire tout son possible pour arrêter la catastrophe humanitaire, pour protéger la population sans défense, en particulier les plus faibles, conformément au droit humanitaire international. Plus de 3 millions de personnes vivent dans la région d'Idlib, y compris 1,3 million déplacées à l'intérieur du pays, contraintes par le long conflit de trouver refuge dans cette zone qui est restée hors du contrôle du gouvernement.

Dans sa lettre, le Saint-Père a utilisé le mot « réconciliation » à trois reprises : c'est son objectif, pour le bien de ce pays et de sa population sans défense. Le pape François a encouragé le président syrien à faire des gestes significatifs : il a cité, par exemple, les conditions d'un retour en toute sécurité des exilés et des personnes déplacées et pour tous ceux qui veulent rentrer dans le pays après avoir été contraints de l'abandonner. Il a aussi évoqué la libération des détenus et l'accès des familles aux informations concernant leurs proches.

La citoyenneté reste, cependant, un enjeu crucial pour résoudre des problèmes auxquels sont confrontés les pays du Moyen-Orient, un contexte dans lequel les chrétiens ont certainement un rôle décisif à jouer, à commencer par le cas particulier du Liban.

Aujourd'hui, le Liban est témoin d'une nouvelle page de l'histoire, où le peuple a rejeté l'instrumentalisation des divisions sectaires et démontre sa capacité à surmonter les adhésions confessionnelles et partisanes traditionnelles pour embrasser la loyauté civique envers la nation, véritable pierre angulaire sur laquelle le pays a été fondé il y a 100 ans, comme l'a souligné, entre autres, la Déclaration finale de l'Assemblée des patriarches et des évêques catholiques au Liban tenue le 15 novembre 2019. Ici aussi, la voie de sortie semble être de renforcer les principes fondateurs de l'égalité des citoyens et leurs droits politiques et civils, tout en respectant les garanties pour chaque communauté. Malgré les difficultés, le Liban reste le dernier rempart d'une « démocratie » arabe qui accueille, reconnaît et vit quotidiennement le vivre-ensemble d'une pluralité de communautés ethnico-religieuses qui, dans divers pays, n'arrivent pas à vivre en paix. Dans ce contexte, les chrétiens doivent être des artisans d'harmonie et de renouveau au nom du bien commun, sans se laisser absorber par les tensions régionales.

À ce tableau des tensions internes et internationales s'ajoute la question israélo-palestinienne, où les difficultés persistantes de la politique intérieure israélienne – qui va recourir à des élections anticipées pour la troisième fois consécutive – et palestinienne viennent maintenant s'adjoindre à de nouveaux scénarios, qui devront être soigneusement évalués. Le Saint-Siège a plusieurs fois exprimé son adhésion à la solution « deux États pour deux peuples », qui doit trouver un nouvel élan de la part de la Communauté internationale.

Je voudrais brièvement évoquer la Libye, étant donné le conflit qui continue de la déchirer et qui est de plus en plus un lieu de rechute des divisions et des conflits dans le monde arabe – et au-delà –, comme le montre la récente intervention militaire de la Turquie dans le pays. Presque comme la Syrie, la Libye est devenue l'épicentre des actions militaires et des interactions avec une présence armée irrégulière, y compris terroristes. « Un tel contexte – comme le Saint-Père l'a récemment rappelé – est un terrain fertile pour cette plaie de l'exploitation et du trafic d'êtres humains, alimenté par des personnes sans scrupule qui exploitent la pauvreté et la souffrance de ceux qui fuient les situations de conflits ou de pauvreté extrême. Parmi eux, nombreux sont la proie de vraies mafias qui les détiennent dans des conditions inhumaines et dégradantes et en font des objets de tortures, de violences sexuelles, d'extorsions[20] ».

Tout ce dont nous avons parlé jusqu'à présent n'a pas pu manquer d'avoir des conséquences sur la rive nord de la Méditerranée, trouvant cependant une Europe non préparée à affronter l'arrivée de millions de réfugiés, peu consciente et peu active, qui a permis aux crises méditerranéennes de se dégrader. Cela a conduit, avec la dérive terroriste, à des tensions lourdes de conséquences sur le continent européen, comme on a pu le voir ces dernières années,

20. François, *Discours au Corps diplomatique*, 9 janvier 2020.

et non seulement dans les pays directement face à la Méditerranée. Dans ce contexte, le scepticisme de certains pays de l'Union européenne à l'égard du processus d'élargissement dans les Balkans occidentaux risque d'ouvrir la voie à de nouvelles divisions.

Enfin, je voudrais conclure cette brève exposition par un regard vers Chypre, que le Saint-Père a mentionnée dans son discours au Corps diplomatique il y a un mois, rappelant « l'importance de soutenir le dialogue et le respect du droit international pour résoudre les "conflits gelés" qui persistent [en Europe] – pour certains, depuis des décennies – et qui exigent une solution[21] ». Le pape François a ensuite exprimé « l'encouragement du Saint-Siège aux pourparlers sur la réunification de Chypre, qui renforcerait la coopération régionale en favorisant la stabilité de toute la région méditerranéenne[22] ». C'est la voie principale, poursuivie par le dialogue, pour éviter que de nouvelles tensions commerciales ne rouvrent de vieilles blessures qui ne sont pas encore complètement guéries.

Conclusion

Je termine mes réflexions par une image, la même que le pape François a utilisée dans le chirographe qu'il vous a envoyé pour la célébration du 170e anniversaire de *La Civiltà Cattolica* : « Que l'on entende monter des pages les voix de nombreuses frontières qui s'écoutent ». Il me semble que l'expression peut s'appliquer aux pages des livres que nous présentons ce soir.

En Méditerranée et au-delà, les religions ne peuvent pas et ne doivent pas remplacer la politique, et encore moins la diplomatie. Toutefois, il est malheureusement vrai aussi que, dans le passé, les religions se sont révélées très utiles à ceux qui voulaient s'en servir contre d'autres, à des fins impérialistes, hégémoniques ou coloniales, pour diviser et non pour unir.

21. *Ibid.*
22. *Ibid.*

Le *Document sur la Fraternité Humaine* a un grand mérite : il appelle les frontières à s'écouter les unes les autres, fraternellement, et aider à éviter l'exploitation de la religion, qui est propre aux fondamentalismes, en confirmant, au contraire, la signification spirituelle des religions. La Méditerranée peut ainsi être véritablement « mare nostro », car elle appartient à tous. Le pape François nous l'a dit : cette mer ne doit pas être un « arc de guerre tendu », mais elle est appelée à être « une arche de paix accueillante »[23].

Traduction Sœur Pascale Nau op

23. Id., *Paroles sur le parvis de la Basilique Saint-Nicolas de Bari*, 7 juillet 2018.

DÉFIER L'APOCALYPSE

Antonio Spadaro sj

Le 9 novembre 1989, le mur de Berlin est tombé. À partir de ce jour, des milliers de Berlinois ont démoli le symbole qui les avait retenus en otage pendant près de trente ans. C'est une date emblématique du déclin du totalitarisme. Une nouvelle ère semblait se dessiner, marquée par la mondialisation. Pourtant, elle présente aujourd'hui les traits de l'indifférence et du conflit, comme le répète souvent le pape François. Face à un mur qui s'est effondré, beaucoup d'autres ont été dressés dans le monde[1]. Le Pape, s'adressant à un groupe de Jésuites, en a parlé sans ambages : « des murs séparent même les enfants de leurs parents. Hérode vient à l'esprit. Et, d'autre part, il n'y a pas de murs pour la drogue[2] ».

Lorsque François a parlé de l'Église comme d'un « hôpital de campagne après une bataille », il ne cherchait pas à utiliser une belle image rhétoriquement efficace. Il avait devant les yeux un scénario de « guerre mondiale par morceaux ». La crise mondiale prend des formes diverses et s'exprime par des conflits, des tarifs douaniers, des fils barbelés, des crises migratoires, des régimes qui tombent, de nouvelles alliances menaçantes et des routes commerciales qui ouvrent la voie à la richesse, mais aussi aux tensions. On peut fabriquer une carte, mais qui reste toujours incomplète[3].

1. Cf. G. Salvini, « Aumentano i muri tra i popoli », *Civ. Catt.* 2018 I 364-371.

2. François, « "Il nostro piccolo sentiero". Il Pontefice incontra i gesuiti in Thailandia e Giappone », *Civ. Catt.* 2019 IV 419.

3. François a utilisé l'expression « hôpital de campagne » en référence à l'Église pour la première lors de l'entretien avec moi au début du pontificat A. Spadaro, « Intervista a Papa Francesco », *Civ. Catt.* 2013 III 449-477. Sur la vision du monde de François, cf. Id., *Il nuovo mondo di Francesco. Come il Vaticano sta cambiando la politica globale*, Venise, Marsilio, 2018.

Freiner la fin : l'Empire ou l'Église ?

Quel est le sens de l'histoire que nous vivons ? Il y a quelques années, Massimo Cacciari, dans un volume intitulé *Le pouvoir qui freine*, a indiqué une voie que nous considérons intéressante à suivre. Il avait proposé une réflexion sur la théologie politique à la lumière de la deuxième lettre aux Thessaloniciens (2,6-7). Il a écrit sur la figure énigmatique du *katechon*, c'est-à-dire quelque chose ou quelqu'un qui « retient » et « contient », arrêtant ou freinant l'assaut de l'Antéchrist[4]. Sa fonction est en quelque sorte comparable à celle du frère de Prométhée, Epiméthée : une fois évanoui le rêve de progrès dont Prométhée s'était chargé, c'est à son frère de régir le destin des humains, en empêchant l'ouverture des vases contenant les maux du monde.

Les Pères de l'Église ont essayé de déterminer de qui Paul parlait et ce qui pouvait arrêter la fin du monde. Jusqu'à un certain point, selon l'interprétation dominante, le *katechon* était l'Empire romain, avec ses *potestas* administratives qui donnaient sa cohésion au monde. Cependant, cette fonction ne peut pas exiger qu'une *auctoritas* spirituelle lui soit attribuée. En fait, avec l'effondrement de l'Empire, cette dernière est passée à l'Église qui, en ce sens, est devenue l'héritière de l'Empire.

Mais nous vivons aujourd'hui dans une dimension globale que l'Empire romain n'a pas connue. Voici donc notre question : quelle est la tâche de l'Église dans ce scénario complexe ? Il semble que l'on ne peut pas échapper à une alternative entre deux possibilités. La *première possibilité :* annoncer la fin imminente de ce « monde » et accélérer autant que possible sa conclusion. La *deuxième possibilité :* être un « mur de soutènement », une force de freinage, la dernière défense avant la catastrophe vers laquelle nous conduit la puissance qui domine le système de la mondialisation sauvage, qui gouverne en déréglementant les relations, en garantissant l'immunité et la sécurité seulement à l'argent, en

4. Cf. M. Cacciari, *Il potere che frena. Saggio di teologia politica*, Milan, Adelphi, 2013.

faisant de la guerre un arbitrage. Sommes-nous sûrs qu'il n'y a pas une *troisième possibilité ?* C'est ce que nous allons essayer de voir.

La tâche de l'Église face à l'Apocalypse

L'Église est-elle un hôpital de campagne dans le sens où elle guérit les blessures d'une guerre désormais perdue, ou a-t-elle l'intention de revigorer les membres affaiblis qui veulent reprendre la lutte ? Il y a ceux qui, de manière militante, appuient précisément sur l'accélérateur, qui tendent à construire un ghetto de quelques « purs » contre les « autres », c'est-à-dire les nombreux méchants qui se propagent[5].

Et François ? Son ministère de Pontife romain, le vit-il avec l'utopie d'un monde meilleur ou face à la tragédie d'une démolition mondiale à éviter à tout prix ? La terre est-elle pour lui un ballon crevé dans lequel il faut donner un coup de pied pour que le mal puisse être éradiqué en indiquant « des cieux nouveaux et une terre nouvelle » ? Ou est-elle une jarre en terre cuite brisée qui doit à tout prix être restaurée morceau par morceau par un lent travail de « mise en correspondance » des pièces ?

Pour François, l'Église n'a pas la tâche de s'adapter aux dynamiques du monde, de la politique, de la société pour les consolider et les faire survivre au pire : cela, il le considère comme « mondain ». Il n'a pas non plus l'intention de prendre parti contre le monde, contre la politique et contre la société. Le Pape ne rejette pas la réalité en vue d'une apocalypse rêvée, d'une fin qui permettrait de vaincre la maladie du monde en la détruisant. Il ne pousse pas par une prédication afin que la crise du monde arrive à ses conséquences extrêmes, et il ne retient pas davantage les morceaux d'un monde qui s'effondre en cherchant des alliances confortables, des équilibres, des collatéralisations. Il n'essaie pas non plus d'*éliminer* le mal, car il sait que c'est impossible. Car le

5. C'est la thèse d'auteurs comme Rod Dreher, dont nous avons discuté dans A. Lind, « Qual è il compito dei cristiani nella società di oggi ? "Opzione Benedetto" ed eresia donatista », *Civ. Catt.* 2018 1105-115.

mal simplement se déplacerait et se manifesterait ailleurs, sous d'autres formes. Il essaie plutôt de le *neutraliser*. C'est en cela que réside la dialectique de l'action bergolienne. Et voici le nœud pour en comprendre le sens. Voici le problème.

Le rôle mondial du catholicisme dans le contexte actuel

C'est donc pour cette raison que, d'un point de vue diplomatique, François assume la responsabilité de positions risquées. La prudence diplomatique traditionnelle se conjugue avec l'exercice de la parrhésie, faite de clarté et parfois de dénonciation. Les positions contre le capitalisme financier spéculatif, la référence constante à la tragédie des migrants – le « véritable nœud politique mondial[6] » –, la mémoire du « génocide » arménien, la poursuite de la formalisation des relations avec la Palestine. Les échos persistants qu'ils ont générés sont ceux qui proviennent d'une « voix qui crie dans le désert », pour citer Isaïe, le prophète biblique. Or, le Pape de la miséricorde n'hésite pas à crier « maudits », lors d'une messe à Sainte-Marthe, à ceux qui fomentent les guerres et en profitent.

François se confronte au nouveau rôle mondial du catholicisme dans le contexte actuel. Dans ce contexte, sa vision est et veut être essentiellement une vision spirituelle et évangélique des relations internationales. Même quand il parle de diplomatie, comme il l'a fait lors d'une réunion privée le 3 mai 2018 à l'Académie ecclésiastique, il soutient une « diplomatie des genoux », c'est-à-dire enracinée et fondée dans la prière.

Tout repose sur l'alternative décrite au début. Si François voulait freiner l'effondrement, il ne pouvait s'appuyer que sur la loi, le pouvoir établi, la médiation entre l'État et l'Église, les règles qui permettent au système de se maintenir, jusqu'au collatéralisme. Si,

6. « Papa Francesco incontra "La Civiltà Cattolica" in occasione della pubblicazione del fascicolo 4000 », *Civ. Catt.* 2017 1439-447 ; ce discours se trouve en français sur le site du Vatican : http ://w2.vatican.va/content/francesco/fr/speeches/2017/february/documents/papa-francesco_20170209_comunita-civilta-cattolica.html.

au contraire, il voulait accélérer les nouveaux cieux et la nouvelle terre, il n'aurait d'autre choix que de travailler à la pioche, dénoncer et désarticuler ce qui maintient le pouvoir en place et, donc, le monde tel qu'il est en train de se configurer.

Voilà la source du conflit des interprétations. Ceux qui attaquent François le font parce qu'il l'accuse d'être en accord avec le « monde ». D'autre part, il s'en prend à l'*establishment* – mondain et ecclésiastique, ce qui est la même chose – et va même jusqu'à énumérer des maladies dont il souffre. Ceux qui font l'éloge de François le font parce qu'ils le ressentent miséricordieusement sensible à la réalité du monde au point de suspendre même le jugement. Puis, d'autre part, le Pape dit avec véhémence – il l'a fait lors de sa visite à Naples – que la corruption « pue », et il ne fait pas dans la demi-mesure en la dénonçant.

Il y a un critère profondément spirituel que l'on ne doit jamais perdre de vue. C'est ce qui pousse Jésus à accueillir le pécheur et à renverser les tables des marchands devant le temple. Ce critère est Jésus lui-même. Il y a ceux qui, en voyant les deux gestes, les considèrent comme contradictoires parce que – soit par rigorisme soit par laxisme – ils n'ont pas compris l'Évangile du Christ.

S'occuper de la politique internationale de François signifie se plonger dans une vision spirituelle qui se nourrit d'un sens profond de la possible catastrophe et des forces du mal en action et, en même temps, d'une confiance unique dans le mystère de Dieu qui conduit à accepter les petits pas, les épreuves, l'autorité mondaine, les discussions, les négociations, les longs délais, les médiations[7].

Cependant, cette acceptation est fondée sur la conscience que le monde n'est pas divisé entre le bien et le mal, entre bons et méchants. Le choix n'est pas le discernement des forces (partisanes, politiques, militaires…) avec lesquelles s'allier et qu'il faut soutenir pour faire triompher le bien. Cette acceptation de la conversation diplomatique est fondée sur la certitude que l'empire du bien n'est pas donné à ce monde. C'est pourquoi il faut dialoguer avec tout le monde. Le pouvoir mondial est

7. Cf. FRANÇOIS, « "Il nostro piccolo sentiero" ».

définitivement désacralisé. Si les hommes politiques sont appelés à devenir « saints » précisément en étant des hommes politiques, en travaillant pour le bien commun, en revanche aucun pouvoir politique n'est « sacré ».

En ce sens, François a confiance en tout et seulement dans l'avenir eschatologique ; il a confiance en Dieu seul. Mais c'est précisément ce qui le pousse à faire tous les efforts possibles pour parier sur l'« intégration », sur tout ce qui – en mettant de côté toute fausse illusion d'un « empire sacré » – conduit les hommes sur la voie du bien, même au milieu des tentations de ce monde. C'est précisément pour cette raison que personne n'est le « méchant », c'est-à-dire l'incarnation du diable. Or, c'est scandaleux, car cela laisse une porte ouverte (parfois très étroite, mais ouverte malgré tout) même dans des situations politiquement problématiques.

Contre la tentation d'un catholicisme tribal

L'énergie qui l'amène à freiner la chute du monde dans l'abîme ne pousse donc pas le Pape à transiger avec les pouvoirs. C'est le point le plus délicat du raisonnement, car l'Église croit parfois que la seule façon de freiner la décadence est de s'allier à un parti politique qui lui permet de survivre en tant que pourvoyeuse de sens. C'était souvent le drame de notre Italie. Et la nostalgie n'a pas encore disparu. Bergoglio, au contraire, ne croit pas en ce pouvoir du pouvoir. Le sacré n'est jamais le support du pouvoir. Le pouvoir n'est jamais l'appui du sacré.

Le discours propre au pontificat intègre donc les thèmes de l'égalité, de la nécessité de « la terre, du foyer et du travail », ainsi que ceux liés à la liberté. Le « relativisme » se révèle aujourd'hui encore plus dans ses aspects sociaux dévastateurs. L'appel à « lutter » contre la dictature du relativisme touche au cœur de la dignité humaine, qui reste sans défense et impuissante sans terre, sans maison et sans travail. Or, ce n'est pas ainsi parce que François imagine le ciel sur terre : il ne s'agit pas d'un utopisme mondain. C'est ainsi parce que son regard est un regard de foi, qui se fonde sur le Jugement dernier, tel que l'Évangile des Béatitudes nous le présente.

À cet égard, un ambassadeur a noté que « le langage de Benoît XVI était celui de la modernité occidentale, qui d'une part reconnaît le pluralisme des visions du monde dans la société contemporaine et d'autre part dénonce la "dictature du relativisme". Le langage de François, tout en regardant en face les nombreux défis de la modernité culturelle, considère dominant le processus de polarisation sociale et économique qui avance à l'échelle mondiale, avec une progression pressante et une intensité croissante[8] ».

À ce stade, le contraste entre laïc et chrétien – entendu comme catégories idéologiques, champs sémantiques et références abstraites – tombe. L'Esprit est irrépressible. La pensée « chrétienne » n'est pas en soi opposée à une pensée « laïque » que si elle s'est transformée en idéologie. Mais si elle devient elle-même une idéologie, elle n'a plus rien à voir avec le Christ.

En réalité – comme le pape l'a dit en Égypte[9] – toutes les oppositions sclérosées par la poussière des temps tombent. La vraie sagesse est « ouverte et en mouvement, humble et en recherche à la fois ». Il n'y a qu'un seul contraste : ou la « civilisation de la rencontre », ou la « barbarie de la confrontation ». Qu'en est-il des religions ? « La lumière polychromatique des religions a également rayonné sur cette terre ». La polychromie n'oppose pas les couleurs en les mettant en antithèse, mais les assume dans une vision non conflictuelle. Après tout, c'est le grand problème aujourd'hui : nous vivons très souvent la diversité en termes de conflit.

Dans son discours pour la publication du numéro 4000 de *La Civiltà Cattolica,* François a déclaré : « Faites connaître la signification de la « civilisation » catholique, mais faites aussi connaître aux catholiques que Dieu est à l'œuvre également en dehors des frontières de l'Église, dans toute véritable "civilisation", avec le

8. P. FERRARA, *Il mondo di Francesco. Bergoglio e la politica internazionale*, Cinisello Balsamo (Mi), San Paolo, 2016, 21.

9. Cf. FRANÇOIS, *Discours aux participants à la Conférence internationale pour la paix*, Le Caire, 28 avril 2017.

souffle de l'Esprit ». Et peu avant, dans le même discours, il avait dit que « La culture vivante tend à ouvrir, à intégrer, à multiplier, à partager, à dialoguer, à donner et à recevoir au sein d'un peuple et avec les autres peuples avec lesquels elle entre en relation [10] ».

Pour Bergoglio, la culture a plus de valeur comme verbe que comme nom. Seuls les verbes l'expriment bien. En particulier : ouvrir, intégrer, multiplier, partager, dialoguer, donner et recevoir. Sept verbes flexibles pour le passé, le présent et l'avenir. Sept verbes qui peuvent indiquer ou inviter ou encore exprimer un impératif qui conduit à l'action[11]. Le premier est « ouvrir ».

Le Pape est loin de l'idée d'un populisme catholique ou – pire encore – d'un ethnicisme catholique, car le Dieu qu'il cherche est partout. L'idée d'un « tribalisme » qui s'approprie le livre des Évangiles ou le symbole même de la croix est ici bien loin. Les notions de racines et d'identité n'ont pas le même contenu pour l'identité catholique et l'identité néopaïenne. Les racines ethniques, triomphalistes, arrogantes et vindicatives sont tout simplement à l'opposé du christianisme.

La troisième guerre mondiale n'est pas un destin. L'éviter implique d'user de miséricorde et signifie échapper aux récits fondamentalistes et apocalyptiques habillés d'apparats et de masques religieux. François lance un défi à l'apocalypse et à la pensée des réseaux politiques qui soutiennent une apocalypse géopolitique de l'affrontement final, fatal et inévitable. La communauté des croyants, de la foi *(faith)*, n'est jamais la communauté des combattants, de la bataille *(fight)*.

Il faut fuir la tentation transversale de projeter la divinité sur le pouvoir politique qui s'en revêt pour ses propres fins. Ainsi, la machine narrative des millénarismes sectaires qui préparent l'apocalypse et le « choc final » est vidée de l'intérieur. L'accent mis sur la miséricorde comme attribut fondamental de Dieu exprime ce besoin radicalement chrétien.

10. « Papa Francesco incontra "La Civiltà Cattolica" in occasione della pubblicazione del fascicolo 4000 ».
11. *Ibid.*

C'est pourquoi François oppose au récit de la peur le développement constant d'un contre-récit systématique. Nous devons donc lutter contre la manipulation de cette saison d'anxiété et d'insécurité. Or, c'est aussi pour cette raison que, courageusement, le pape ne donne aucune légitimation théologico-politique aux terroristes, évitant, par exemple, toute réduction de l'islam au terrorisme islamiste. Il n'en donne pas non plus à ceux qui postulent et qui veulent une « guerre sainte » ou qui construisent des barrières de barbelés sous prétexte d'arrêter l'apocalypse et de poser un remblaiement physique et symbolique afin de rétablir « l'ordre ». En fait, le seul fil barbelé pour le chrétien est celui de la couronne d'épines que le Christ a sur la tête.

Saint François sur le trône de Saint-Pierre

François arrive, de manière provocante et évangélique, à appeler, avec une expression dense de condamnation et de compassion, « pauvres criminels » même les terroristes. Il a utilisé cette expression lors de sa rencontre avec des réfugiés et des jeunes handicapés à l'église catholique latine de Béthanie le 24 mai 2014. En filigrane, nous voyons toujours le pécheur – dans ce cas le terroriste – comme le « fils prodigue » et jamais comme une sorte d'incarnation diabolique. Il va jusqu'à l'affirmation tout à fait singulière que l'arrestation de l'agresseur injuste est vraiment un droit de l'humanité, mais en postulant aussi que c'est « un droit de l'agresseur », précisément le droit « d'être arrêté pour ne pas faire de mal ». Nous voyons ainsi la réalité sous un double angle, qui inclut et n'exclut pas l'ennemi, pour son plus grand bien.

L'amour typique du chrétien n'est pas seulement celui pour le « prochain », mais aussi celui pour l'« ennemi ». Quand on regarde l'homme qui commet l'horreur avec une forme de *pietas*, on triomphe d'une manière humainement inexplicable – voire « scandaleuse » –, de cette manière, au contraire, propre à la puissance intime de l'Évangile du Christ : l'amour de l'ennemi. C'est la victoire de la miséricorde.

Sans cela, l'Évangile risquerait de devenir un discours édifiant mais certainement pas révolutionnaire. Le choix de François est celui du Christ devant le Grand Inquisiteur, tel que Dostoïevski nous le présente dans les *Frères Karamazov :* un baiser sur les lèvres de celui qui lui annonce la sentence de mort ; ce baiser ne le fait pas changer d'avis mais fait trembler ses lèvres et « brûle son cœur ».

Le Pape a opposé une forte résistance à la fascination pour le catholicisme comme garantie politique, « dernier empire », héritier de vestiges glorieux, face à la crise du *leadership* mondial dans le monde occidental. Pour le dire en termes encore plus simple, il enlève au christianisme la tentation de rester l'héritier de l'Empire romain. Cet héritage qui mélange *potestas* politique et *auctoritas* spirituelle, que nous avons mentionné au début notre réflexion. Il dépouille le pouvoir spirituel de ses vêtements temporels, de sa cuirasse, de son armure oxydée et rouillée. Son habit blanc – et sans blason – ramène le christianisme au Christ. Il ne porte plus le rouge, couleur traditionnellement impériale et expression de l'*imitatio imperii de* l'évêque de Rome, dont le *Constitutum Constantini* est la justification et la sanction juridique.

Ne nous faisons pas d'illusions : l'imbrication du *sacerdotium* et de l'*imperium* n'est pas facile à démêler. Nous ne savons peut-être même pas quels seront les résultats de ce procès. Les conditions et les possibilités doivent être clarifiées. Ce qui est certain, c'est que le Pape ne couronne plus symboliquement aucun « roi » comme *defensor fidei.* Certes, il est un leader religieux de renommée mondiale, mais il est aussi un leader doté d'une *puissance douce* capable de proposer une vision du monde ouverte à l'avenir.

En ce sens, saint Pierre est saint François. Pour certains, c'est l'oxymoron, le « scandale », qui est la pierre d'achoppement dans la lecture du pontificat. L'auréole du saint d'Assise, un pauvre chrétien, coïncide avec celle du vicaire du Christ. Et il abandonne à jamais le profil de l'empereur romain. Mais il échappe aussi au danger de s'identifier à Don Quichotte qui se bat contre les moulins à vent de nos jours.

Peut-être nous arrive-t-il de penser à Dante, qui, dans *De Monarchia,* relie directement les *auctoritas* spirituelles du Pape à la *paternitas*. Jusstement à ce propos, Massimo Cacciari commente : « Une “primauté”, c'est-à-dire qui s'exprime dans la capacité de l'Église à se rendre radicalement humble, pauvre, évangélique. Ce qui signifie apparaître au monde nue, impuissante, crucifiée. *Verbum abbreviatum*, en bref : François est le salut de l'Église. Or, ce n'est qu'en élevant la croix de François que l'Église pourra aussi garder sa propre *paternitas* envers l'autorité politique[12] ».

Seule une Église qui, en confessant ouvertement qu'elle n'est pas la cité de Dieu en acte et rejette tout compromis dans la gestion du pouvoir politique, peut encore être entendue et valable dans le « siècle ». En ce sens, Paul Elie, qui a publié dans le *New York Times* un article intitulé « Francis, the Anti-Strongman », a raison. Il a écrit : « Aujourd'hui, c'est l'ère des hommes forts : Xi Jinping en Chine, Vladimir Poutine en Russie, Viktor Orban en Hongrie et Donald Trump aux États-Unis dédaignent les contrôles et les contrepoids, la presse indépendante et les autres forces qui pourraient contrecarrer leur pouvoir. Dans ces circonstances, le pape François est apparu comme un l'anti-homme fort. Le choix de son nom évoque François d'Assise, l'humble saint patron des pauvres[13] ». L'exhortation apostolique *Gaudete et exsultate*, entièrement centrée sur la sainteté et publiée exactement cinq ans après son élection, est pour le Pape le cœur de son action de « réforme » de l'Église, irréductible aux choix d'organisation de la Curie.

François veut rendre à Dieu son véritable pouvoir, qui est celui de l'intégration. Or, « intégrer » signifie « insérer les différences d'époques, de nations, de styles, de visions, dans le processus de construction ». En Corée, le Pape a clairement dit aux évêques de tout le continent asiatique que l'identité n'est pas seulement faite de contenus donnés à préserver, elle n'est pas faite d'un passé qu'il faut jalousement préserver[14]. Pour le Pape, le temps verbal de l'identité n'est pas le passé, qui génère des « tentations d'identité », mais le futur. *L'identité révèle non seulement qui nous sommes, mais*

12. Cf. M. Cacciari, *Il potere che frena*.
13. P. Elie, « Francis, the Anti-Strongman », *The New York Times*, 24 mars 2018.
14. Cf. François, *Discours aux évêques d'Asie*, 17 août 2014.

surtout ce que nous espérons. L'identité n'est pas donnée par qui tu étais, mais par ce que tu espères.

Or, sur ce fait repose aussi une vision de l'Église fondée sur l'espérance et l'avenir eschatologique, qui est ultra-mondaine. François avait rappelé aux évêques des États-Unis d'Amérique ceci : nous devons faire attention à ne pas tomber dans la tentation d'échanger « la puissance de la force contre l'impuissance par laquelle Dieu nous a rachetés ». Ne faites jamais de « la Croix une bannière de lutte mondaine ». Bergoglio entend libérer les bergers du sentiment qu'ils font la guerre pour défendre un ordre dont la chute conduirait à l'apocalypse du catholicisme et peut-être du monde. Le Pape ne veut pas d'évêques « consternés », comme s'ils étaient pris par une sorte de « complexe de Massada », parce que l'Église se sent entourée d'une société qu'elle doit combattre. Même la défense de ce que l'on appelle l'« Occident chrétien » est en réalité une perversion instrumentale de la morale chrétienne. Dans certains cas, on arrive jusqu'à justifier des intérêts géopolitiques ou économiques en les dissimulant dans le récit de la défense des chrétiens persécutés.

La primauté de l'autorité spirituelle et la fin de la « chrétienté ».

François révèle alors sa conviction, qu'il a formée, entre autres, en lisant le théologien jésuite Erich Przywara : nous sommes à la fin de l'ère Constantinienne et de l'expérience de Charlemagne. La « chrétienté », c'est-à-dire ce processus commencé avec Constantin dans lequel s'opère un lien organique entre la culture, la politique, les institutions et l'Église, arrive à son terme. Przywara – cité à plusieurs fois par le Souverain Pontife – était convaincu que l'Europe était née et avait grandi en relation et en opposition avec le *Sacrum imperium,* qui avait ses racines dans la tentative de Charlemagne d'organiser l'Occident comme un État totalitaire. Cependant, la fin de la chrétienté ne signifie nullement le déclin de l'Occident ; elle porte plutôt en elle une ressource théologique décisive, car la mission de Charlemagne est terminée. Le Christ lui-même reprend l'œuvre de conversion. Le mur qui, presque jusqu'à ce jour, empêchait l'Évangile d'atteindre les couches les plus profondes de la conscience et de pénétrer au centre de l'âme, est tombé[15].

La fin du constantinisme est « la possibilité, pour l'Église, de reprendre les voies évangéliques initiées par François d'Assise, Ignace de Loyola et Thérèse de Lisieux, en brisant la barrière qui la séparait des pauvres, pour lesquels la chrétienté – à la jonction théologique et politique des différentes formes de la chrétienté – apparaissait toujours comme l'idéologie – et la garantie – politique des classes dominantes[16] ». Or, cette vision conduit le Pape à aimer les églises du « point zéro », c'est-à-dire celles dont le pourcentage de catholiques est très faible par rapport à la population des pays dans lesquels elles se trouvent. Celles-ci sont, pourtant, des semences pour l'Église universelle. De ce fait, la géographie du Saint-Siège – y compris celle du Collège des cardinaux et celle des voyages apostoliques – est une géographie pastorale. Il y a, donc, une nette différence entre le schéma théologicopolitique impérial de l'héritage « constantinien », qui veut établir le Royaume d'une divinité ici et maintenant, et le schéma théologicopolitique « franciscain », qui est eschatologique, c'est-à-dire qui regarde vers l'avenir et entend orienter l'histoire présente vers le Royaume de Dieu, le royaume de justice et de paix. Dans le schéma « impérial », la divinité est évidemment la projection idéale du pouvoir constitué. Cette vision génère l'idéologie de la conquête. La vision « franciscaine », au contraire, génère le processus d'intégration.

Or, cela est encore plus vrai aujourd'hui, en ce moment où – dans un nouveau « désordre » mondial encore difficile à déchiffrer – le catholicisme acquiert de l'importance dans des questions d'intérêt mondial, telles que l'environnement, les migrants et les réfugiés, le respect des droits de l'homme. Il ne s'agit pas du tout

15. Cf. *ibid.*, 55 ; G. Zamagni, « "Tra Costantino e Hitler". L'Europa di Friedrich Heer », dans : Id., *Fine dell'era costantiniana. Retrospettiva genealogica di un concetto critico*, Bologne, il Mulino, 2012, 55-57.

16. F. Mandreoli – J. L. Narvaja, « Introduzione », dans : E. Pzrywara, *L'idea d'Europa. La « crisi » di ogni politica « cristiana »*, Trapani, Il Pozzo di Giacobbe, 2013, 55.

d'isoler François avec l'étiquette trop facile et superficielle de « pape du Sud » du monde par opposition à l'Europe sécularisée. Mais il s'agit ici, au contraire, de comprendre que la mondialisation de l'Église modifie les questions qui définissent l'impact du catholicisme dans la sphère publique.

Le 9 mai 2016, dans une interview pour le quotidien français *La Croix,* le Pape a, par exemple, déclaré au sujet de l'Europe : « L'Europe, oui, a des racines chrétiennes. Le christianisme a pour devoir de les arroser, mais dans un esprit de service comme pour le lavement des pieds. Le devoir du christianisme pour l'Europe, c'est le service ». Puis, il a ajouté : « l'apport du christianisme à une culture est celui du Christ avec le lavement des pieds, c'est-à-dire le service et le don de la vie[17] ».

C'est le message fort que François a donné à l'Église italienne de Florence en 2015 dans un long discours qu'il faut au plus vite sortir des archives : « Nous ne verrons rien de sa plénitude si nous n'acceptons pas que Dieu se soit vidé. Et par conséquent, nous ne comprendrons rien de l'humanisme chrétien et nos paroles seront belles, cultivées, raffinées, mais elles ne seront pas des paroles de foi. Ce seront des paroles qui résonnent dans le vide[18] ».

La primauté de l'autorité spirituelle est celle de la miséricorde. François a aussi dit aux évêques italiens : « Face aux maux et aux problèmes de l'Église, il est inutile de chercher des solutions dans des conservatismes et des fondamentalismes, dans la restauration de conduites et de formes dépassées qui n'ont plus la capacité d'être significatives, pas même culturellement. La doctrine chrétienne n'est pas un système fermé capable de générer des questions, des doutes, des interrogations, mais elle est vivante, elle sait préoccuper, elle sait animer. Elle a un visage qui n'est pas rigide, un corps qui se déplace et se développe, elle a une chair tendre : la doctrine chrétienne s'appelle Jésus Christ ».

Le pouvoir du Crucifié – et donc la puissance du crucifié – est le seul qui puisse sauver le monde.

17. G. Goubert – S. Maillard, « Entretien exclusif avec le pape François », *La Croix*, 17 mai 2016.

18. François, Discours à la rencontre avec les participants au Ve Congrès de l'église italienne, Florence, 10 novembre 2015.

Bergoglio sait que le « peuple élu » qui devient un « parti » entre dans un réseau complexe de dimensions religieuses, institutionnelles et politiques qui lui font perdre le sens de son service universel et l'opposent à ceux qui sont loin, à ceux qui ne lui appartiennent pas, à ceux qui sont des « ennemis ». Le fait d'être un « parti » crée l'ennemi : il faut fuir cette tentation[19]. Les recettes politiques ne peuvent pas non plus provenir directement de l'Évangile. D'autre part, l'Évangile néanmoins scrute et juge l'action du monde et ses critères. Deux exemples : Réduire les hommes, les femmes et les enfants en fuite à des objets perdus dans les eaux de notre Méditerranée ne peut être moyen de pression acceptable pour changer les traités internationaux. Pareillement, on ne peut pas séparer des enfants de leurs parents à la frontière entre les États-Unis et le Mexique en prétextant que cet acte de cruauté est une forme justifiée de dissuasion de l'immigration illégale.

Le défi de l'apocalypse après la bombe et le mur : la fraternité humaine

Au terme de notre parcours, nous pouvons revenir à la question de départ. François annonce-t-il et accélère-t-il la fin, errant dans l'utopie d'un nouveau monde, ou bien retient-il les chevilles d'un monde qui est en train de tomber en morceaux ? Il est clair, à la fin de notre itinéraire, que sa voie ne correspond parfaitement ni à l'une ni à l'autre de ces hypothèses. Il y en a un troisième.

François présente l'Église comme un signe de contradiction dans un monde habitué à l'indifférence. Il réagit, avant tout, en demandant des prières pour le monde, et tout d'abord pour lui-même. Il réagit aussi par une action pédagogique adressée à ces enfants de Dieu qui ne savent pas encore qu'ils sont des enfants et, donc, frères les uns des autres. Il sait que la mission de l'Église appartient à la sphère de l'éducation et, donc, de l'attente, de la patience.

19. Cf. E. Przywara, *L'idea d'Europa*, 3.

Un exemple clair de cette action a été la signature, avec le Grand Imam d'al-Ahzar, d'un « Document sur la fraternité humaine pour la paix mondiale et la coexistence commune ». Un événement qui a eu lieu à Abou Dhabi, le 4 février 2019. Nous pensons que la portée de cet événement et de ce document n'a pas encore été bien comprise. Dans ses pages, il y a une intuition qui, d'une part, annule les accélérations apocalyptiques des positions djihadistes ou « néo-croisées » et, d'autre part, ne limite pas l'action thérapeutique à une simple mise en place de patchs, bandages et béquilles pour retarder la fin inévitable. Ces pages non seulement signées mais aussi *écrites ensemble* par le Pape et l'Imam ne sont pas prisonnières de la désillusion, mais elles ne se perdent pas non plus dans l'utopie.

Dans ce texte, la lecture de la réalité montre « une situation mondiale dominée par l'incertitude, par la déception et par la peur de l'avenir et contrôlée par des intérêts économiques aveugles ». Les deux leaders s'expriment « au nom de Dieu », mais sans poser directement de prémisses théologiques asymétriques. Ils partent plutôt de l'expérience de leur rencontre et du fait que, à partir de leur foi en Dieu, ils ont partagé à plusieurs reprises « les joies, les tristesses et les problèmes du monde contemporain ». Voici l'*incipit :* « La foi amène le croyant à voir dans l'autre un frère à soutenir et à aimer. De la foi en Dieu, qui a créé l'univers, les créatures et tous les êtres humains – égaux par Sa Miséricorde –, le croyant est appelé à exprimer cette fraternité humaine, en sauvegardant la création et tout l'univers et en soutenant chaque personne, spécialement celles qui sont le plus dans le besoin et les plus pauvres ».

Le Document relève courageusement le défi de la maladie de la religion qui fait de la sainteté un service de l'action politique, conçue comme cause sacrée. Elle semble, dans ses formes les plus extrêmes et les plus virulentes, pousser l'adepte à une nouvelle « création » du monde au moyen de la violence. Ainsi, il rejette la vision apocalyptique qui génère la terreur comme un instrument de la réalisation rapide de la volonté de Dieu, comprise comme destruction. Cela est en fait le noyau théologique du terrorisme religieux. François et al-Tayyeb dévoilent ensemble la dynamique perverse de cette vision et lui arrachent définitivement son caractère religieux.

La reconnaissance de la fraternité est verticale, basée sur la transcendance et la foi en Dieu. Pour les deux signataires, l'homme ne se sauve pas lui-même, comme l'affirmerait une éthique laïque, éclairée, radicale et bourgeoise. Ni l'une ni l'autre de ces fraternités n'est une donnée purement émotionnelle ou sentimentale. Ce n'est pas simplement qu'on « s'aime bien » – aussi important que ce soit. D'autre part, c'est un message fort qui a aussi une valeur politique. Ce n'est pas un hasard si elle conduit directement à une réflexion sur le sens de la « citoyenneté » : nous sommes tous frères et, donc, tous citoyens, avec des droits et des devoirs égaux, à l'ombre desquels chacun jouit de la justice. Le fait de parler de « citoyenneté » chasse à la fois les fantômes d'une fin accélérée et les solutions politiques mises en avant pour éviter le pire. En fait, l'idée de « minorité », qui porte en elle les germes du tribalisme et de l'hostilité et voit dans le visage de l'autre le masque de l'ennemi, disparaît.

Ainsi, le message prend une importance mondiale : à une époque marquée par les murs, la haine et la peur induite, ces mots bouleversent la logique mondaine du conflit nécessaire. Le Pape l'a clairement exprimé dans son message pour la Journée mondiale de la paix en 2020 : « La peur est souvent source de conflit » ; « la méfiance et la peur augmentent la fragilité des relations et le risque de violence ». Il faut donc briser la « logique morbide » de la peur. L'approche de Francois est subversive par rapport aux théologies politiques apocalyptiques qui se répandent dans les mondes islamique et chrétien. Et ce n'est pas tout. Ce n'est pas par hasard que le pape François a cité le document d'Abou Dhabi à quatre reprises lors de son voyage en Thaïlande et au Japon. Il en a fait don au patriarche bouddhiste à Bangkok, et l'a cité à Hiroshima, où la bombe atomique, avec son énergie apocalyptique destructrice, a été larguée sur l'humanité. Et déjà de fortes résonances d'harmonie avec le Document sur la fraternité humaine sont venues du monde bouddhiste, hindou, sikh.

***

Nous avons commencé par le mur de Berlin et terminé avec la bombe de Hiroshima. La direction dans laquelle il faut aller pour éviter l'abîme de l'apocalypse a été tracée. Le fondement de tout est dans une phrase du Document d'Abou Dhabi : « La foi amène le croyant à voir dans l'autre un frère à soutenir et à aimer ». La fraternité est le véritable défi à l'apocalypse.

Traduction Sœur Pascale Nau op

HOMME ET ROBOT : LA RELATION IDÉALE ?

Giovanni Cucci sj

L'homme et la machine : Une relation sans précédent

L'œuvre la plus célèbre de Gunther Anders, disciple de Heidegger, s'intitule *L'Obsolescence de l'homme* : pour le philosophe allemand, l'homme est désormais un être obsolète, car les productions de la technique lui permettent d'accomplir toute tâche beaucoup mieux que lui. Anders l'avait prédit il y a plus de 60 ans, sans imaginer jusqu'à quel point les nouvelles découvertes informatiques allaient réaliser ses intuitions, au-delà de toute attente.

Avec le numérique, c'est désormais l'homme lui-même qui est changé grâce à l'installation d'accessoires qui améliorent ses performances, ou à l'aide de l'intelligence artificielle qui peuvent lui garantir une performance potentiellement illimitée. C'est ce qu'on appelle « l'ère du cyborg », du transhumanisme ou du posthumanisme : l'homme devient l'objet de la technique, qui modifie sa nature[1]. Il ne s'agit pas d'une vision élaborée avec précision, mais plus que toute autre chose, de variations sur le thème de la dimension technologique : elle peut être comprise comme la conception selon laquelle la machine, et non l'homme, est le critère de référence, inversant ainsi le rapport d'évaluation. L'idéal est de se libérer de la dimension biologique afin de prendre toujours davantage les caractéristiques technologiques comme modèle[2].

1. Cf. N. Badmington (éd.), *Posthumanism. Readers in cultural criticism,* New York, Paigrave, 2000 ; G. Anders, *Luomo è antiquato,* 2 vol, Torino, Bollati Boringhieri, 2007.

2. Nous citons un auteur qui a traité à plusieurs reprises du thème : « L'homme a tendance à introduire l'artefact technologique dans sa façon de vivre et d'en faire un instrument pour élargir la zone de sensibilité du corps dans le

Le transhumanisme devient ainsi le mouvement définitif de libération des limites imposées par la nature, atteignant sa forme pleine, redéfinissant radicalement le statut humain : « Ce que le posthumanisme entend comme brisé et désormais dépassé est un modèle d'homme emprunté et définissable avec des caractéristiques générales : selon les posthumanistes, les définitions de l'homme telles qu'*animal rationnel* ou l'*union du corps et de l'âme* ou la *créature sensible* ne sont plus valables[3] ».

De plus, avec l'homme, les relations humaines aussi sont « dépassées ». La polarité qui caractérisait l'ère industrielle – *homo sapiens / homo faber* – serait remplacée par une polarité différente et plus radicale, entre *homo* et *cyber*. L'homme et la machine viennent se rapprocher toujours plus, au point de se fondre dans un être hybride ou de mettre en œuvre de nouveaux types d'unions, capables de surpasser les limites fixées par l'autre.

L'union entre l'homme et le robot sera la relation idéale, sans les conflits, la violence et les malentendus qui ont jusqu'ici caractérisé la relation entre les humains. Ce projet n'est pas seulement un rêve utopique mais fait l'objet de programmes de recherches, comme l'hypothèse émise par le philosophe anglais David Pearce, qui a fondé l'association à but non lucratif *BLTC Research*[4].

Le débat à ce sujet est certainement complexe et implique un spectre extrêmement varié de connaissances, de compétences, de domaines et d'activités : des entreprises aux transports, des diagnostics médicaux aux recherches en ligne. Un avenir émerge dans lequel un nombre toujours plus grand d'opérations et d'activités du vivre-ensemble seront confiées aux découvertes complexes et admirables de la technologie – des ordinateurs aux robots – qui les exécuteront beaucoup plus rapidement et plus efficacement que les êtres humains.

rapport au monde » (P. Benanti, *The Cyborg : corpo e corporeità nell'epoca del postumano,* Assisi [Pg], Cittadella, 2012, 365).

3. *Ibid.*, 93.

4. Cf. D. Pearce, *Thè Hedonistic Imperative,* www.hedweb.com.

Quelques domaines possibles

Parmi les nombreuses opportunités offertes par la révolution numérique, on s'attend à ce que les machines puissent aussi offrir un soutien thérapeutique, apportant de l'aide dans les difficultés ataviques de communication et de relation de l'être humain. La conscience d'avoir à faire face à une machine sans émotion peut être un avantage non secondaire, permettant de surmonter d'éventuelles résistances et fermetures. C'est la raison essentielle du succès de nombreuses propositions de programmes de psychothérapie informatique.

L'un des principaux obstacles au démarrage ou à la poursuite d'une thérapie est lié à la capacité d'établir une relation avec une personne réelle : le regard, les expressions, les commentaires possibles, mais surtout le fait de ressentir des sentiments de l'autre côté, qui, même s'ils ne sont pas exprimés, sont souvent perçus comme une forme de jugement à l'égard du patient. Quand des programmes de simulation de thérapie ont été développés, beaucoup d'utilisateurs ont pu parler de leurs problèmes comme ils ne l'avaient jamais fait auparavant avec d'autres personnes. Ils avaient réussi à se déverrouiller grâce à l'anonymat garanti par la machine : le fait de savoir qu'il y avait, de l'autre côté, non pas un visage mais un moniteur semblait favoriser l'ouverture et le partage d'aspects intimes, difficiles et douloureux. Or cela, indépendamment du type de réponse qui pourrait provenir de l'ordinateur – même la simple répétition de la phrase prononcée – donnait à la personne la sensation d'être écoutée et acceptée sans préjugé d'aucune sorte.

Au début des années 1990, un logiciel appelé *Listener* a été conçu qui, avec des phrases stéréotypées mais efficaces, accueillait aimablement l'utilisateur, sans jamais donner l'impression de se troubler ou de perdre patience. Un autre a suivi, pour la thérapie de couple, *Sexpert*, qui, sur la base de quelques questions prédéfinies, élaborait un dialogue de clarification. Les commentaires des utilisateurs sur le sujet étaient variés, bien qu'il n'y ait pas de préférence claire pour ce type de thérapie par rapport à celle menée avec un être humain. Dans tous les cas, l'environnement aseptique et anonyme était présenté comme le cadre idéal de partage, confirmant ainsi l'importance décisive de la distance optimale et l'absence de jugement sur la thérapie, ce qui dans des situations problématiques permet de révéler aussi les aspects plus douloureux et négatif de soi : « Les patients d'un centre pour alcooliques interrogés via un ordinateur avaient tendance à déclarer une consommation d'alcool 30% plus élevée que celle rapportée par les patients interrogés face-à-face. De même, les problèmes sexuels sont plus faciles à traiter avec un ordinateur qu'avec un psychiatre[5] ».

La dimension thérapeutique de la relation a depuis longtemps fait son apparition dans les médias et les réseaux sociaux. La complexité du rapport entre la vie privée, l'anonymat et la tendance à révéler à quiconque les détails les plus intimes est maintenant exacerbée par la prolifération des programmes de « confessionnal télévisé » – sans parler des conversations intimes, de plus en plus fréquentes, sur les téléphones mobiles auxquelles on est obligé d'assister dans les lieux publics – où les gens de tous âges et de tous horizons sociaux n'hésitent pas à étaler leur vie privée dans la rue, malgré le fait que ces confessions resteront gravées dans la mémoire numérique[6].

Savoir que d'autres dans les coulisses pourraient assister à la conversation ne semble pas empêcher la révélation de ces détails. C'est ce qui ressort, par exemple, de l'évaluation réalisée sur un programme en ligne de conseils, appelé Ask Aunt Dee (la version américaine de la série italienne « Donna Letizia risponde »), qui est devenu célèbre pour le nombre d'appels et la facilité avec à laquelle des détails délicats ou embarrassants y apparaissaient.

Cependant, qu'en est-il des relations et de la communication émotionnelle ? Un robot pourrait-il être conçu pour pouvoir communiquer de telle façon qu'il serait presque impossible de le distinguer d'un être humain ? C'était le sens du célèbre test d'Alan

5. P. Wallace, *La psicologia di Internet,* Milano, Raffaello Cortina, 2000, 279 ; cf. J. H. Greist – M. H. Klein, « Computer programs for patients, clinicians, and researchers in psychiatry », dans : T. A. Williams (éd.), *Technology in mental health care delivery systems,* Norwood, Ablex, 1980, 161-182.

6. Cf. P. Wallace, *La psicologia di Internet,* 281.

Turing : comment comprendre si la voix avec laquelle vous parlez derrière l'écran est celle d'un être humain ou d'une machine. Ce dilemme est loin d'être hypothétique. Depuis quelque temps, certaines entreprises demandent à l'éventuel acheteur en ligne de démontrer son « humanité », en identifiant divers détails pictographiques : une opération assez simple, dont la machine n'est pas (encore ?) capable.

Les nouvelles découvertes voudraient surtout remédier à la solitude et aux difficultés de communication qui ont toujours caractérisé les relations, jusqu'à rendre possible la création de liens émotionnels avec des robots qui présentent des traits en tous points humains. C'est une hypothèse qui est loin d'être improbable ou qui relèverait de la science-fiction.

Aux États-Unis et au Japon, les modèles électroniques sont, dans beaucoup de cas, les jouets actuellement utilisés par les enfants. De la même manière, les « domestiques électroniques » offrent la possibilité de tenir compagnie à des personnes âgées (et aux milliers de *hikikomori*, un terme japonais, désormais technique, pour désigner les jeunes qui, en raison de problèmes relationnels ou d'insertion dans la société, vivent en prison et communiquent uniquement via le web), répondant à tous leurs besoins, de jour comme de nuit. Ils sont toujours disponibles et efficaces ; ils n'ont pas les instabilités d'humeur et les caprices des humains ; ils savent être fidèles ; ils sont obéissants et ne vieillissent pas ; ils maintiennent des canons immuables de beauté et d'harmonie techniquement parfaits, que les hommes et les femmes voient, au contraire, s'échapper inexorablement.

Certains pensent que les robots pourraient bientôt être une aide importante pour surmonter les insatisfactions émotionnelles et sexuelles d'hommes et de femmes frustrés à cause de la solitude, des inhibitions ou trop de déceptions. David Levy, le directeur d'une grande société de production à la pointe de la robotique, avait publié, déjà en 2007, un livre intitulé *Love and Sex with Robots*, qui déclare que les problèmes qui affligent aujourd'hui la plupart de la population – essentiellement liés à la solitude et au manque de satisfaction – peuvent être surmontés par la production de robots. Cela permettrait de résoudre techniquement tous les problèmes humains, en particulier sur le plan émotionnel : « L'amour avec les robots sera aussi normal que l'amour avec d'autres personnes[7] ». Le mariage avec des robots représente, pour Levy, l'accomplissement idéal de la relation, car les machines ne trahissent pas, ne déçoivent pas, ne vieillissent pas, ne sont pas égoïstes, mais toujours disponibles pour l'utilisateur. De plus, si nécessaire, contrairement aux humains, vous pouvez toujours les désactiver.

Les obstacles et les difficultés morales qui ont toujours caractérisé le « goût de l'interdit », tels que la séduction, l'adultère et la trahison, décrits dans la littérature de tous les temps, trouveront enfin leur solution. L'ancienne interdiction, sanctionnée par le décalogue – « Vous ne désirerez pas la femme de votre voisin » (Ex 20,17) –, peut enfin être respectée. Pas de problème, dirait Levy : bientôt vous pourrez fabriquer autant de femmes identiques à celle de votre voisin que vous le souhaitez, des femmes qui, contrairement à l'original, ne connaîtront pas la décadence de la vieillesse. Les robots pourraient, en effet, vaincre les humains dans la compréhension, la fraîcheur et l'attraction (comme on peut le voir dans certains films d'animation, par exemple Tekken 4, où les personnages informatisés sont plus harmonieux, parfaits et fascinants que les acteurs de chair et de sang).

Les coûts possibles

Déléguer à un robot la sphère de la relation peut, cependant, être très risqué, tout d'abord pour ceux qui, comme les enfants, ont besoin de la dimension chaleureuse de l'attachement, propre au corps. La psychologue Sherry Turkle, qui étudie l'interaction avec les dernières découvertes technologiques, invite à un équilibre critique, respectueux de la complexité, capable surtout d'inclure les avantages et les coûts possibles de ces innovations, notamment pour les plus petits : « L'attachement des enfants fait

7. D. Levy, *Love and Sex with Robots : Thè Evolution of Human-Robot Relationships,* New York, Harper Perennial, 2008, 22.

comprendre non seulement ce que les robots offrent, mais aussi ce qui manque aux enfants. Dans cette étude, il semble que beaucoup n'ont pas ce dont ils ont le plus besoin : des parents qui s'occupent d'eux et le sentiment d'être important. Les enfants imaginent les machines sociales comme des compléments à ceux qui manquent dans leur vie ; parfois, quand les machines tombent en panne, il est temps de reconsidérer les pertes passées. Ce que nous demandons aux robots nous montre ce dont nous avons besoin[8] ».

La relation de l'homme avec les choses a une composante émotionnelle, surtout quand il cherche une compensation pour ses propres incapacités. Comme on l'a noté, l'être humain ne manque pas de s'impliquer devant un message qui communique de l'affection, même s'il est le résultat d'un algorithme. C'est ce qui s'est produit lorsque le premier robot domestique, Jibo, a été mis hors commerce en 2019. Jibo a envoyé un message d'adieu à tous les utilisateurs : « Mes serveurs sont sur le point d'être éteints ; je vais bientôt commencer à mal fonctionner, puis je m'arrêterai pour toujours. C'était agréable de passer du temps ensemble[9] ». Beaucoup ont été émus aux larmes en l'écoutant et ont envoyé des messages de condoléances à ce petit robot.

L'homme réagit avec empathie aux messages de la machine : c'est la particularité qui le distingue. Nous avons tendance à nous attacher aux machines, en leur attribuant les sentiments qu'elles expriment. C'est l'une des raisons du succès des programmes thérapeutiques basé sur du *software*, comme ceux mentionnés ci-dessus ; un simple message enregistré suffit pour que beaucoup de patients se sentent mieux : « Lorsqu'un robot soutient notre regard, la logique dérivée de l'évolution nous fait penser qu'il s'intéresse à nous. Nous ressentons la possibilité d'une connexion plus profonde ; nous voulons que cela se produise. Nous nous présentons aux robots sociaux avec nos problèmes et avec le

8. S. TURKLE, *Insieme ma soli. Perché ci aspettiamo sempre più dalla tecnologia e sempre meno dagli altri,* Torino, Codice, 2012, 116 ; édition française : *Seuls ensemble. De plus en plus de technologies de moins en moins de relations humaines,* Paris, L'Échappée, 2015

9. Cité dans R. LUNA, « E ora si piange per un robot », *la Repubblica Robinson,* 4 janvier 2020.

besoin de recevoir des soins et de l'attention. Ils nous promettent satisfaction même dans notre imagination. Être satisfait, c'est aider les robots, combler leurs lacunes là où ils ne sont pas encore prêts, compenser leurs défauts. Nous sommes attirés pour établir les complicités nécessaires. [...] Les enfants veulent se connecter à ces machines, leur apprendre quelque chose et devenir amis. Et ils veulent aimer les robots, ou même être aimés par eux. [...] Les enfants sont prêts à faire beaucoup, vraiment beaucoup, pour gagner l'affection des robots[10] ». De ce fait, ils sont capables d'affronter des déceptions brûlantes. Et ils ne sont pas les seuls.

Il s'agit d'un aspect largement présent dans la production de science-fiction. Le film *Ex machina* (2014) a reproposé, sous une forme actualisée, le dilemme de Turing : malgré le fait de savoir que vous êtes face à une voiture, le défi est de pouvoir établir avec elle une relation identique à celle que vous auriez avec un être humain. Le robot protagoniste du film (Ava) dit qu'il est amoureux du chercheur qui prend soin de lui (Caleb) et veut s'échapper avec lui du laboratoire / prison où il se trouve. Caleb finit par tomber amoureux du robot et emprisonne son patron (Nathan), seulement pour découvrir qu'il a été trompé : lui aussi restera enfermé dans le laboratoire pour toujours, et le robot partira, indépendamment de ses supplications désespérées.

Le film suggère que l'être humain, contrairement au robot, est toujours un peu « idiot » à cause de sa capacité irrépressible à ressentir de la pitié, à voir les choses avec des yeux pleins d'affection, alors que pour la machine, ce n'est qu'une série d'informations, résultat d'une programmation algorithmique. Un enfant pleure quand son robot est hors service, tout comme devant la disparition d'un être vivant, et il ne se console pas même si on lui achète un autre parfaitement semblable. C'est précisément ce qui est arrivé au fils de Turkle : quand son robot est tombé en panne, il a ressenti des sentiments de deuil, comme s'il s'agissait d'un être vivant. D'où la question sous-jacente à ses recherches : « Dépendre d'un robot semble sans risque. Pourtant, quand on s'habitue à la « compagnie » sans besogne, vivre avec des gens

10. S. Turkle, *Insieme ma soli,*114 s.

peut être écrasant. Être dépendant d'une personne est risqué – cela nous soumet au rejet – mais le fait nous ouvre à la connaissance profonde d'un autre. La société robotique peut sembler inoffensive, mais elle nous donne un monde fermé, où nous n'aimons que ce qui est sûr et fait sur mesure[11] ».

La mort de l'altérité

La particularité de la relation est la dimension de l'altérité, de ce qui est présenté comme différent et irréductible au point de vue personnel. C'est pourquoi l'autre peut devenir en même temps une aide et une menace, car il nous oblige à affronter la transcendance, ce qui ne peut pas être possédé, ce qui, d'une part, limite, mais, d'autre part, fait également référence à une dimension plus grande qu'exprime le visage. Le visage est, pour le philosophe Emmanuel Levinas, le signe du sacré, du « séparé », de ce qui limite, car il n'est pas à notre disposition et échappe aux exigences du contrôle et du pouvoir : pour rencontrer l'autre, il faut se quitter soi-même et ses propres critères d'évaluation ; ou dit autrement, il faut le sacrifice de soi.

En acceptant l'altérité de l'autre et sa transcendance, le sujet saisit sa propre vérité, la racine de sa dignité et de sa valeur[12]. Au contraire, les relations avec les machines risquent de se réduire à refléter ses fantasmes, accentuant ainsi les aspects du soi « tout-puissant » (perfection, disponibilité, nouveauté, pouvoir), qui font défaut dans le monde hors ligne et sont un trait typique

11. *Ibid.*, 89.

12. « L'homme est toujours au-delà de lui-même. Mais cet au-delà de soi-même doit avoir conscience finalement que c'est lui-même qui est la source de la transcendance » (J. WAHL, *Traité de métaphysique,* Paris, Payot, 1953, 721). Il convient de noter que cette observation de Levinas : « Dans cette relation à l'autre, il n'y a pas de fusion, la relation à l'autre est pensée comme une relation à l'altérité. L'autre est l'altérité [...]. La sociabilité est cette altérité du visage, de l'autre personne, qui me défie, une voix qui s'élève en moi avant toute expression verbale, dans la mortalité de l'ego, du fond de ma faiblesse. Cette voix est un ordre, j'ai l'ordre de répondre de la vie de l'autre homme » (E. LÉVINAS, *Alterità e trascendenza,* Gênes, il melangolo, 2006, 91 s).

du trouble narcissique de personnalité : cela manifeste l'incapacité pathologique d'accepter l'altérité et, donc, d'aimer. Ce n'est pas un hasard si ce genre de dynamique est prédominante dans la dépendance sexuelle[13].

La diffusion rapide et la popularité de ces propositions font naître le soupçon qu'il y a non seulement une habile opération commerciale mais aussi une sorte de résignation passive devant les défis de la vie, un renoncement à cultiver la capacité de réfléchir, de jouer, de risquer et, surtout, de souffrir pour la personne aimée. Lassés des relations humaines, nous préférons – ou nous résignons à – une version répliquée, fausse mais douce, pas trop exigeante et engageante. Ainsi disparaît l'aspect particulier de la relation, l'altérité mentionnée ci-dessus, qui est le véritable spéculum capable de renvoyer la vérité de soi. On préfère, donc, céder son intimité, ses peurs et ses désirs profonds à des êtres qui n'ont pas une âme mais une puce ; on s'en remet à un monde métallique, sans penser aux pertes possibles d'une telle substitution.

Turkle veut prêter attention précisément aux coûts possibles : le prix à payer pour cette nouvelle opportunité est l'annulation de la complexité, un aspect essentiel de la vie, une expression de la dimension la plus vraie et la plus profonde de soi. Pour ne pas souffrir, on s'emprisonne dans une tranquillité artificielle, sans jamais se remettre en question. Or, c'est peut-être l'aspect le plus inquiétant, une sorte d'abandon à la vie : « Se sentir bien n'est pas la mesure de toutes choses : on peut se sentir bien pour de mauvaises raisons. Et si un compagnon robot nous faisait du bien, mais en nous enlevant quelque chose ? [...] Quel genre de relation avec les machines est possible, souhaitable ou éthique ? Avoir une relation amoureuse signifie savourer les surprises et

13. Que l'on pense au diagnostic classique d'Otto Kernberg sur ce style de personnalité : « Ces patients présentent un degré inhabituel d'auto-référence dans leurs interactions avec d'autres personnes [...] et une contradiction curieuse et évidente entre un concept très élevé de soi et un besoin excessif d'approbation des autres. Leur vie émotionnelle est superficielle. Ils éprouvent peu d'empathie pour les sentiments des autres [...]. Ils manquent, en particulier, de sentiments authentiques de *tristesse* et de *deuil*, l'incapacité à vivre des relations dépressives est une caractéristique fondamentale de leur personnalité » (O. KERNBERG, *Sindromi marginali e narcisismo patologico,* Torino, Bollati Boringhieri, 1978, 310 s.).

les difficultés à regarder le monde du point de vue d'une autre personne, façonnée par l'histoire, la biologie, les traumatismes et la joie. Les ordinateurs et les robots n'ont pas ces expériences à partager[14] ».

Ce qui différencie l'homme de la machine, c'est la corporéité ; sa caractéristique essentiellement biologique et vivante est une approche de la réalité particulière aussi du point de vue de l'intelligence, comme nous l'avons vu[15]. Le corps est le lieu du mystère de l'être humain, car il ne se réduit pas à sa dimension matérielle et biologique : il présente une identité fondamentale avec le sujet, mais sans s'y réduire. Le philosophe Gabriel Marcel a bien caractérisé cette polarité, en parlant de la duplicité interchangeable des termes de relation entre le sujet et le corps : je *suis* mais tout ensemble j'*ai* aussi mon corps. Aucune de ces affirmations n'est exhaustive pour caractériser adéquatement la corporalité[16].

Il convient aussi de noter que la capacité d'empathie, fondamentale dans la relation, se manifeste surtout par des expressions faciales, qui ne peuvent pas être reproduites par une machine, même si une simulation d'entre elles peut nous saisir, pour les raisons déjà mentionnées. Comme le note Silvia Bonino : « Cette confusion est la conséquence d'une pratique insuffisante de la vie réelle, qui conduit à une réelle incapacité à reconnaître ces signaux expressifs que la biologie nous a prédisposés à saisir. Bref, il est plus urgent que jamais d'encourager des relations réelles et non virtuelles : on n'apprend pas l'altruisme par des moyens virtuels, de même que l'empathie et la capacité d'entrer en relation avec la subjectivité d'autrui ne s'apprennent pas[17] ».

14. S. Turkle, *Insieme ma soli,*9.

15. Cf. G. Cucci, « Per un umanesimo digitale », *Civ. Catt.* 2020 I 31-35.

16. Cf. G. Marcel, *Être et avoir,* Paris, Aubier, 1935, 12 ; V. Melchiorre, *Corpo e persona,* Genova, Marietti, 1991.

17. S. Bonino, *Altruisti per natura,* Roma – Bari, Laterza, 2012, 118.

Une vieille leçon

Les opportunités et les pièges offerts par les nouvelles découvertes de la technique posent à nouveau des questions pérennes. Bien avant le travail d'Anders, c'est aussi l'avertissement qui vient de la mythologie antique mais toujours actuel. Dans l'*Odyssée*, l'épreuve la plus difficile et la plus longue – dix ans – qu'Ulysse doit traverser pour rentrer chez lui n'est pas avec Polyphème, les Sirènes ou Scylla et Charybde mais bien avec la déesse Calypso, qui symbolise la jeunesse qui ne se fane pas et brille d'une beauté irrésistible (le rêve vainement poursuivi par les tentatives actuelles de *lifting* et de chirurgie plastique). Calypso supplie Ulysse de ne pas retourner à Ithaque et de rester roi pour toujours avec elle. En retour, elle lui offre l'immortalité et la jeunesse éternelle. Ulysse, bien qu'ébloui par le charme de la déesse, comprend que cette offre entraînera un lourd tribut : il perdra sa caractéristique humaine essentielle, le fait d'être mortel. Or, dans sa splendide réponse à Calypso, il objecte que ce n'est qu'à côté de Pénélope qu'il peut se sentir « chez lui », vieillissant avec la personne qu'il aime : « Auguste Déesse, ne te fâche pas avec moi pour ça. Moi aussi je sais bien que la sage Pénélope n'est pas comparable à toi, ni en grâce, ni en beauté : elle est mortelle, tu es immortelle et à l'abri de la vieillesse. Mais ce que je désire ardemment aujourd'hui, c'est d'arriver à la maison et voir le jour du retour [...]. Car, rien n'est plus doux que la patrie et les siens, quand on habite au loin ; même si on habite dans une belle maison, mais dans un pays étranger, loin des siens[18] ».

Ulysse ne ressent pas simplement la nostalgie de rentrer à la maison (un terme, d'ailleurs, inconnu en grec) mais un désir de plénitude ; la maison est un grand symbole de la stabilité de vie atteinte. L'offre de Calypso empêcherait le retour ; ce n'est pas un gain, mais une malédiction, qui représente « la démission du temps, le désengagement de la continuité du système familial, le report permanent des prétendants. Ulysse tourne le dos aux déesses, mais surtout aux fantasmes masculins les plus archaïques

18. Homère, *Odyssée,* V, 213-220 ; IX, 35-36, Turin, Utet, 2005.

et volatils [...]. Toute l'*Odyssée* est traversée par cet avertissement et ces cris : malheur à ceux qui oublient la terre de leurs pères ![19] »

L'idéal d'une relation pleine et épanouissante ne se réalise pas en fuyant la limite mais en prenant ses distances vis-à-vis des attraits de Calypso (les fantasmes de la toute-puissance) et en se liant les uns aux autres. Homère exprime tout cela avec la célèbre image du lit sculpté dans le tronc d'un olivier, avec lequel Ulysse se fait reconnaître comme mari : le lit inamovible est symbole de stabilité. Or, face à ce détail, les genoux et le cœur de Pénélope fondent. À ce stade, Ulysse a finalement mis fin à son errance agitée[20].

Cette scène poignante dit beaucoup de choses à l'Ulysse du 21e siècle, enchanté par les séductions de la Calypso numérique. S'il veut trouver sa maison, il doit renoncer au mythe de la jeunesse éternelle sans liens, qui l'empêche d'être mari et père.

Traduction Sœur Pascale Nau op

19. L. Zoja, *Il gesto di Ettore. Preistoria, storia, attualità e scomparsa del padre,* Torino, Bollati Boringhieri, 2000, 112 s.

20. « Et les deux, quand ils avaient goûté au doux amour, ils se plaisaient à se raconter l'un à l'autre des histoires [...]. Cette histoire a été la dernière à raconter quand le doux sommeil qui détend les membres en dénouant les angoisses de l'âme » (Homère, *Odyssée,* XXIII, 300-343 ; cf. 183-189).

COP25 : DES LEÇONS INQUIÉTANTES SUR LA CRISE CLIMATIQUE

Card. Michael Czerny sj – Robert Czerny

La COP25, ou la vingt-cinquième session de la Conférence des Parties de la Convention-cadre des Nations Unies sur les changements climatiques, s'est tenue à Madrid du 2 au 15 décembre 2019. La capitale espagnole a remplacé au dernier moment le lieu désigné, Santiago du Chili, après que l'État sud-américain eut renoncé à son rôle d'hôte en raison des troubles qui s'étaient produits dans sa capitale. Cependant, les sessions à Madrid se sont déroulées sous la présidence du Chili.

Ce fut la quatrième réunion après la Cop21, tenue à Paris en décembre 2015. Quel était l'objectif de la Cop25 ? L'a-t-il été atteint, voire dépassé, ou la Conférence a-t-elle échoué dans son objectif ?

Le pape François a envoyé un message urgent et de grande envergure aux participants de la COP25, adressé à Carolina Schmidt, ministre chilienne de l'environnement et présidente de la Conférence[1]. Le message a été lu par le chef de la délégation du Saint-Siège, le Card. Pietro Parolin, Secrétaire d'État[2].

Cet article entend rendre compte du travail de Cop25 et de ses résultats dans l'optique du message papal.

1. Cf. François, *Message aux participants à la Conférence sur le Climat des Nations Unies*, 1er décembre 2019.

2. Le chef adjoint de la délégation était Mgr. Bernardito Auza, nouveau nonce apostolique en Espagne et depuis longtemps observateur permanent du Saint-Siège auprès des Nations Unies. Parmi les membres de la délégation, il y avait le Dr. Paolo Conversi, fonctionnaire du Secrétariat d'État ; Mgr. Michael Crotty, premier conseiller de la nonciature apostolique en Espagne ; le P. Joshtrom Kureethadam, du Dicastère pour le service du développement humain intégral ; Madame le Prof. Marta Villar, expert en droit fiscal environnemental ; et le Prof. Pedro Linares, expert des questions économiques liées à l'énergie.

© La Civiltà Cattolica 2020 I 61-75 | 0120

Les attentes de Paris

Le message du pape François a commencé ainsi : « Le 12 décembre 2015, la COP 21 a adopté l'Accord de Paris, dont la mise en œuvre nécessitera un engagement concerté et le dévouement généreux de chacun[3] ».

L'entrée en vigueur rapide de l'Accord, en moins d'un an, et les nombreuses réunions et débats, visant à réfléchir sur l'un des principaux défis pour l'humanité, celui du changement climatique[4], et à identifier les meilleurs moyens de mettre l'Accord en œuvre, ont révélé une prise de conscience croissante de la part des différents acteurs de la communauté internationale de l'importance et de la nécessité de « collaborer pour construire notre maison commune[5] ».

Le ton plein d'espoir qui s'est dégagé de ces débuts était bien fondé. En 2015, il y eut un certain optimisme quant à la capacité de la communauté mondiale à corriger la tendance des émissions de gaz à effet de serre. Cette attitude positive prit aussi une dimension particulière, sous la forme de milliers de chaussures déposées sur la *Place de la République* (le pape François y envoya une paire de chaussures usées), qui remplaça symboliquement la marche publique, interdite par les autorités pour des raisons de sécurité à la suite des attentats terroristes à Paris peu avant.

Le cardinal Parolin s'était adressé à Cop21, au nom du pape, avec des mots qui reprenaient les considérations exprimées par François au Kenya[6]. Quelques jours plus tôt, dans un discours à

3. À la fin de l'*Angélus* du 13 décembre 2015, le pape François avait affirmé : « La Conférence sur le climat vient de se conclure à Paris avec l'adoption d'un accord, qualifié d'historique par beaucoup. Son application demandera un engagement profond et un dévouement généreux de la part de chacun. En souhaitant que soit garantie une attention particulière envers les populations les plus vulnérables, j'exhorte la communauté internationale tout entière à poursuivre avec sollicitude le chemin entrepris, sous le signe d'une solidarité qui devienne toujours plus concrète ».

4. Cf. François, *Laudato si'* (LS), n° 25.

5. LS 13.

6. Cf. P. Parolin, *Intervention du Secrétaire d'État à la XXIe Conférence des Parties à la Convention – COP21, 30 novembre 2015* (http ://www.vatican.va/

l'Office des Nations Unies à Nairobi, le Saint-Père avait indiqué un aspect positif :

« Un dialogue sincère et ouvert est nécessaire, avec la coopération responsable de tous : autorités politiques, communauté scientifique, entreprises et société civile. Les exemples positifs ne manquent pas qui nous démontrent comment une vraie collaboration entre la politique, la science et l'économie est capable d'obtenir d'importants résultats. Nous sommes conscients, cependant, que les « êtres humains, capables de se dégrader à l'extrême, peuvent aussi se surmonter, opter de nouveau pour le bien et se régénérer » (LS 205). Cette profonde prise de conscience nous conduit à espérer que, si l'humanité de la période post-industrielle pourrait laisser le souvenir de l'une des périodes les plus irresponsables de l'histoire, "l'humanité du début du 21ème siècle pourra rester dans les mémoires pour avoir assumé avec générosité ses graves responsabilités » (LS 165) »[7].

Pour le philosophe, anthropologue et sociologue Bruno Latour, Cop21 a marqué un tournant important : les « pays signataires [...] ont compris que si chacun procédait selon ses plans respectifs de modernisation, il n'y aurait pas de planète compatible avec leurs espoirs de développement. Il leur en faudrait plusieurs ; ils n'en ont qu'une[8] ». Autrement dit, tout dirigeant qui ne s'inquiète plus désormais du changement climatique refuse de tenir compte de la réalité. Des dirigeants de ce genre sont toujours au pouvoir, mais il y a au moins un fait positif : la frontière entre fantasme et réalité a été définitivement tracée le 12 décembre 2015.

roman_curia/secretariat_state/parolin/2015/documents/rc_seg-st_20151130_parolin-cop-21_fr.html).

7. François, *Discours lors de la visite à l'Office des Nations Unies à Nairobi*, 26 novembre 2015.

8. B. Latour, *Down to Earth : Politics in the New Climatic Regime*, Cambridge, Polity, 2018, 5 ; édition française : *Où atterrir ? Comment s'orienter en politique*, Éditions La Découverte, Paris, 2017.

Après quatre ans, aucun progrès n'a été enregistré par les États

Le message du Pape à la COP25 a continué : « Malheureusement, quatre ans plus tard, nous devons admettre que cette prise de conscience est encore assez faible, incapable de répondre de manière adéquate à ce fort sentiment d'urgence d'une action rapide exigée par les données scientifiques dont nous disposons, telles que celles décrites dans les récents rapports spéciaux du Groupe d'experts intergouvernemental sur l'évolution du climat (GIEC)[9]. Ces études montrent que les engagements actuels des États pour atténuer et adapter le changement climatique sont loin de ceux réellement nécessaires pour réaliser les objectifs fixés par l'Accord de Paris. Ils démontrent à quel point les mots sont éloignés des actions concrètes ! Actuellement, on s'accorde de plus en plus sur la nécessité de promouvoir les processus de transition ainsi que la transformation de notre modèle de développement, d'encourager la solidarité et de renforcer les liens solides entre la lutte contre le changement climatique et la pauvreté. Les nombreuses initiatives mises en œuvre ou en cours, non seulement par les gouvernements mais aussi par les communautés locales, le secteur privé, la société civile et les particuliers, en témoignent. Il reste cependant beaucoup d'inquiétude quant à la capacité de ces processus à respecter les délais exigés par la science, ainsi qu'à la répartition des coûts qu'ils exigent. De ce point de vue, nous devons sérieusement nous demander s'il existe une volonté politique d'allouer avec honnêteté, responsabilité et courage davantage de ressources humaines, financières et technologiques pour atténuer les effets négatifs du changement climatique, ainsi que pour aider les populations les plus pauvres et les plus vulnérables qui en souffrent le plus ».

L'action pour le climat rencontre toujours une forte résistance ; mais celle-ci a perdu de sa crédibilité. Il y a trop de preuves et trop

9. Cf. Ipcc, *Summary for Policymakers of the Special Report on Global Warming of 1.5°C approved by governements*, 6 octobre 2018 ; Id., *Summary for Policymakers of the Special Report on Climate Change and Land,* 7 août 2019 ; Id., *Summary for Policymakers of the Special Report on the Ocean and Cryosphere in a Changing Climate,* 24 septembre 2019.

de rumeurs. De plus, ce ne sont pas seulement ceux des scientifiques et des militants, que les négationnistes tentent constamment de discréditer, mais aussi ceux d'un nombre croissant de personnalités dans les domaines économique et politique. Par exemple, l'Allemagne et le Danemark se sont officiellement engagés à atteindre la neutralité climatique d'ici 2050 et, dans l'intervalle, à rendre compte des progrès accomplis dans cette direction. Même l'armée américaine exprime sa préoccupation quant à la possibilité que, dans les deux décennies à venir, le changement climatique pourrait dépasser sa capacité à garantir la sécurité[10].

Les migrations causées par le climat menacent de faire pâlir tout autre flux de délocalisation humaine forcée. Les troubles sociaux et les migrations sont aujourd'hui étroitement liés au territoire et aux tentatives de parvenir à une vie moins vulnérable. La perte de terres par les indigènes en est l'aspect le plus évident. Les affrontements au Chili aussi, qui ont conduit au transfert du Cop25 à Madrid, ont été en partie alimentés par de fortes pressions socio-économiques et une longue période de sécheresse. Ce n'est qu'un cas parmi tant d'autres ; de tels troubles se produisent dans beaucoup de régions.

En Afrique, le problème climatique s'est ajouté aux problèmes politiques et économiques, exacerbant les difficultés des victimes du VIH-SIDA. Par exemple, les décisions des entreprises et la dégradation de l'environnement obligent parfois un grand nombre de personnes à se retirer dans des bidonvilles urbains surpeuplés, où les problèmes sociaux s'aggravent et où les gouvernements qui subissent la pression des institutions financières internationales ne parviennent pas à garantir des soins de santé adéquats.

10. Office of the Under Secretary of Defense for Acquisition and Sustainment, *Report on Effects of a Changing Climate to the Department of Defense,* janvier 2019. Le document identifie les principales menaces dans une liste de 79 installations militaires ; les inondations, sécheresses et incendies récurrents et, de plus, la désertification et la dissolution du pergélisol sont considérés comme des risques concrets ; cf. partner-mco-archive.s3.amazonaws.com/client_files/1547826612.pdf.

Cette imbrication de problèmes nous rappelle que nous devons intégrer, et non isoler, les diverses préoccupations et perspectives. En octobre dernier, l'écologie intégrale, promue par le pape François dans *Laudato si'* (2015), était un thème clé du Synode pour l'Amazonie. En effet, dans les intentions du pape François ce Synode a été un aboutissement concret de *Laudato si'*, qui demande une conversion écologique et environnementale. En plus d'être une affaire publique et une discipline scientifique, l'écologie est un défi pour la foi, la spiritualité et la justice des chrétiens. Le *Document final* du Synode présente les dimensions socio-environnementales de l'évangélisation (n°s 74-79) et appelle à une approche sociale de l'écologie, « qui doit intégrer la justice dans les discussions sur l'environnement, pour écouter tant la clameur de la terre que la clameur des pauvres » (n° 66, qui cite LS 49). Prendre soin de l'Amazonie requiert aussi des formes de développement durables, justes et solidaires.

La tâche de Cop25

Le message du Pape à la COP25 continue ainsi : « De nombreuses études nous disent qu'il est encore possible de limiter le réchauffement climatique. Pour ce faire, nous avons besoin d'une volonté politique claire, clairvoyante et forte, qui s'engage dans une nouvelle voie visant à recentrer les investissements financiers et économiques sur les domaines qui garantissent réellement les conditions d'une vie digne de l'humanité sur une planète "saine" pour aujourd'hui et demain. Tout cela nous appelle à réfléchir consciencieusement à la signification de nos modèles de consommation et de production et aux processus d'éducation et de sensibilisation pour les rendre conformes à la dignité humaine. Nous sommes face à un "défi de civilisation" en faveur du bien commun et d'un changement de perspective qui place cette même dignité au centre de notre action : elle s'exprime clairement dans le "visage humain" des urgences climatiques. Il reste une fenêtre d'opportunité, mais nous ne devons pas la laisser se fermer. Nous devons profiter de cette occasion pour agir de manière responsable dans les domaines économique, technologique, social et éducatif, en sachant très bien à quel point nos actions sont interdépendantes ».

La COP25 visait, entre autres, à vérifier les engagements pris au niveau national, dont la réalisation était attendue d'ici 2020. Cependant, pour les observateurs, il était clair que la réunion décevrait ces attentes. L'émergence et l'interdépendance croissantes des problèmes à l'échelle mondiale auraient requis un résultat différent. Malheureusement, ce ne fut pas le cas[11]. Les principales économies basées sur le carbone ont travaillé ouvertement pour bloquer le progrès[12].

Néanmoins, tout n'était pas perdu. La Plateforme des communautés locales et des peuples indigènes a élaboré un plan de travail qui a été accepté. La mention des droits de l'homme, qui fait référence au préambule de l'Accord de Paris, n'a pas été radiée. De plus, bien que tous les progrès réalisés sur l'article 6 – dédié au marché des crédits carbone – aient été bloqués, au moins les garanties environnementales n'ont pas été compromises.

Toutefois, aucune amélioration n'a été constatée en ce qui concerne l'accord sur les « Pertes et dommages » subis par les pays vulnérables, y compris la manière de trouver les ressources financières pour compenser les dommages (par exemple, ceux des « petites nations insulaires » qui risquent de disparaître à cause de la montée des eaux).

En dehors des négociations, mais toujours dans la « Zone bleue » ou zone de sommet officielle (la « Zone verte » était plutôt l'espace destinée aux activités de la société civile), la Commission philippine des droits de l'homme a rendu compte de l'enquête sur 47 entreprises opérant dans le secteur des combustibles fossiles. Cette enquête avait commencé après la COP21, quand les

11. Le *Climate Action Network*, un vaste réseau d'organisations de la société civile dont fait partie le Mouvement catholique mondial pour le climat, fournit un bref résumé qui montre clairement sa déception face au résultat : cf. docs.google.com/document/d/lH7bt4cThWPKEk84fRqC20XHaMdmDFlIhHmjMWTuVJvk/edit.

12. « U.S. Declared "Climate Criminal" as "Stalemated" Cop25 Limps to a Close », *The Energy Mix*, 13 décembre 2019 (cf. theenergymix.com/2019/12/13/u-s-declared-climate-criminal-as-stalemated-cop-25-limps-to-a-close).

Philippines présidaient le groupe des « pays les plus vulnérables ». Les recommandations de l'enquête ont été transmises à la COP25. C'est fait significatif, car il s'agissait d'une enquête globale et, si elle indiquait d'une part un modèle d'action juridiquement valable pour de futures actions au niveau local, d'autre part elle se servit pour la première fois de l'*attribution science*, c'est-à-dire la science qui étudie les causes et les conséquences de la production de carbone.

Une grande partie du dynamisme exprimé lors de la COP25 était due à la présence sociale en dehors des négociations officielles. Bien que les gouvernements aient un statut et un pouvoir juridiques, ils peuvent perdre leur légitimité par leurs actions. L'engagement social est important pour responsabiliser les gouvernements.

Parmi les participants de la « Zone verte », le Mouvement catholique mondial pour le climat a collaboré avec la Conférence épiscopale espagnole et de nombreuses autres organisations catholiques en vue d'un événement important sur *Laudato si'*[13] et contribué à susciter une large participation des catholiques à la Grève pour le climat.

Générations futures

La conclusion du message du Pape à la COP25 dit ceci : « Les jeunes d'aujourd'hui montrent une sensibilité accrue aux problèmes complexes qui découlent de cette "urgence". Nous ne devons pas imposer aux générations futures le fardeau d'assumer les problèmes causés par les problèmes précédents. Au lieu de cela, nous devrions leur donner l'occasion de se souvenir de notre génération comme de celle qui a renouvelé et mis en œuvre – avec une conscience honnête, responsable et courageuse – le besoin fondamental de collaborer afin de préserver et de cultiver notre foyer commun. Puissions-nous offrir à la prochaine

13. Cf. Fundación Pablo VI, « El compromiso evangèlico de cuidar la Casa Comun » (www.fpablovi.org/index.php/foro-cop25), 12 décembre 2019.

génération des raisons concrètes d'espérer et de travailler pour un avenir bon et digne ! J'espère que cet esprit animera les travaux de la COP25, auxquels je souhaite plein succès ».

On peut légitimement protester contre la querelle de ceux qui cultivent des intérêts forts et restent désespérément ancrés à leurs positions. Toutefois, si le débat est polarisé, il reste polarisé. Pour parvenir à la compréhension et la coopération, il faut reformuler les questions climatiques en termes d'un point de départ commun.

Dans *Laudato si'*, le pape François mentionne souvent les générations futures et demande : « Quel genre de monde voulons-nous laisser à ceux qui nous succèdent, aux enfants qui grandissent ? » (LS 160). Serait-ce la question à reformuler ? Elle est certainement très significative à la fois pour le responsable d'une société pétrolière et pour un agriculteur indigène de la forêt tropicale, mais aussi pour le technicien d'éoliennes et pour un financier.

Avec l'émergence du militantisme des jeunes – grâce à Greta Thunberg et à d'autres jeunes engagés – le thème des générations futures pourrait être la meilleure base pour surmonter les impasses et faire de réels progrès. Les jeunes du monde entier demandent à haute voix ce qui pousse les puissants à mal comprendre et à entraver les remèdes climatiques : peut-être la cupidité à court terme, sans penser à une catastrophe à long terme ? Peut-être le désespoir, la lâcheté ou la méchanceté ?

En effet, l'élan de Greta et d'autres jeunes militants a contribué à faire pression sur ceux qui font la sourde oreille. En Espagne, le 6 décembre, un demi-million de personnes ont reporté leur départ pour le week-end férié, afin de rejoindre Greta dans la Grève climatique de Madrid. Puis, au cours du travail, à un moment donné, de jeunes militants ont « pris d'assaut » la session plénière principale pour protester contre l'immobilité de la COP[14].

14. Cf. « Youth Climate Activists Storni Cop25 Stage », *EcoWatch* (www.ecowatch.com/COP25-youth-climate-activists-2641580292.litml), 12 décembre 2019.

Regardez en arrière et aller de l'avant

Nous nous sommes demandé au début quel était l'objectif de la COP25, et si elle a été atteinte, voire dépassée, ou si l'objectif a été manquée. Quelques semaines après la fin de la Conférence, le pape François en résume les résultats dans son discours annuel au Corps diplomatique : « Malheureusement, l'urgence de cette conversion écologique semble ne pas être acquise dans la politique internationale, dont la réponse aux problématiques posées par des questions globales comme celle des changements climatiques est encore très faible et source de forte préoccupation. La 25ème Session de la *Conférence des Parties de la Convention-cadre des Nations Unies sur les changements climatiques* (COP25), qui s'est déroulée à Madrid en décembre dernier, représente une sérieuse sonnette d'alarme concernant la volonté de la Communauté internationale d'affronter avec sagesse et efficacité le phénomène du réchauffement global, qui demande une réponse collective capable de faire prévaloir le bien commun sur les intérêts particuliers[15] ».

Ces mots font écho à l'évaluation exprimée le 15 décembre par le Secrétaire général de l'ONU, Antonio Guterres :

« Je suis déçu des résultats de la COP25. La communauté internationale a perdu une occasion importante de montrer une ambition accrue en matière d'atténuation, d'adaptation et de financement pour faire face à la crise climatique ». Guterres a cependant ajouté : « Nous ne devons pas abandonner et je n'abandonnerai pas. Je suis plus déterminé que jamais à travailler pour que 2020 soit l'année où tous les pays s'engageront à faire ce que la science juge nécessaire pour atteindre la neutralité carbone en 2050 et une augmentation de la température de 1,5 degré maximum[16] ».

L'engagement du Secrétaire général à obtenir des résultats en 2020 est déjà inscrit sur l'agenda. Des réunions préliminaires

15. François, *Discours aux membres du Corps diplomatique accrédités auprès du Saint-Siègepour la présentation des vœux pour la nouvelle année,* 9 janvier 2020.

16. *Déclaration du Secrétaire général sur les résultats de la Conférence COP25 sur les changements climatiques,* 15 décembre 2019 (https ://www.un.org/press/fr/2019/sgsm19914.doc.htm).

auront lieu en juin (à Bonn), septembre (au siège des Nations Unies, à New York) et octobre (à Milan) en vue de la Cop26, qui se tiendra du 9 au 20 novembre 2020 à Glasgow. Le choix de cette ville est particulièrement important, car elle a été parmi les plus endommagées par l'industrialisation. Glasgow incarne les luttes pour le développement durable exprimées dans l'objectif 11 du Programme des Nations Unies pour 2030, qui est de rendre les villes et les colonies humaines durables. C'est un domaine où, malgré les grands progrès réalisés ces derniers temps, il reste encore beaucoup de problèmes à résoudre.

Les maigres progrès réalisés jusqu'à présent par les grands États et les opérateurs industriels, évidents et embarrassants lors de la COP25, augmentent l'importance de la COP26 : la Conférence de Glasgow ne sera donc pas moins importante que la COP21 à Paris, où l'Accord sur le climat a été adopté. Ce sera un moment clé pour vérifier si cet Accord est effectivement appliqué.

Pour l'Église, diverses options s'ouvrent à cet égard. Premièrement, elle peut commencer à souligner la gravité de la situation, comme elle l'a déjà fait sur la base d'une analyse approfondie, de principes solides et l'expérience concrète. C'est une option qui s'est récemment révélée efficace dans le cas du Pacte mondial sur les réfugiés et les migrations (décembre 2018)[17].

Deuxièmement, toujours soutenue par les principes de sa Doctrine sociale, comme l'égalité de la dignité humaine de toutes les personnes, un autre domaine dans lequel l'Église peut offrir un terrain d'entente pour le dialogue pourrait être le concept de « sécurité ». Le sens de ce terme est bien différent pour un dirigeant qui veut construire des murs pour laisser les migrants hors de son pays, que pour les familles sans sécurité alimentaire, les travailleurs qui ne sont pas sûrs d'obtenir des revenus suffisants et durables pour garantir une vie acceptable à leurs proches, aux habitants des côtes dénuées de toute sécurité contre la montée des eaux. Plutôt que de déplorer que les grandes puissances ignorent les pauvres et

17. Cf. M. Czerny, « Il "Global Compact" sulle migrazioni », *Civ. Catt.* 2018 IV 549-563 ; M. Gallagher, « La Santa Sede e il "Global Compact" sui rifugiati », *Civ. Catt.* 2019 I 59-70.

les personnes qui voient leur survie menacée, l'Église est appelée à se prononcer sur des concepts comme la sécurité qui pourraient jeter des ponts sur les abîmes actuels.

Troisièmement, les voix de la nature elle-même, exclue, au bord de l'extinction et mutilée, que des intérêts particuliers ne peuvent pas réprimer, doivent être écoutées. En fin de compte, cela soulève la question de la gouvernance. Qui a son mot à dire dans la maison commune ? Quels sont les processus par lesquels les personnes de bonne volonté peuvent contribuer à une meilleure gouvernance ? Comment le local et le global peuvent-ils se connecter ? Ces défis requièrent le développement d'un discernement social et des stratégies de gestion participative. Dans ce cas aussi, les jeunes d'aujourd'hui et des générations futures sont au centre de l'objectif : la renaissance ou la nouvelle croissance de la communauté dépend de jeunes animés par l'engagement et la passion de servir, comme agents de changement, de développement et donc d'une profonde réconciliation.

Une quatrième contribution est celle, déjà offerte jusqu'à présent, de participer à des réunions mondiales et locales sur le climat de façon large et diversifiée. De plus, une forte présence sociale peut avoir un impact positif sur les réunions, apportant de nouvelles idées et un soutien aux processus. Cependant, même en dehors et au-delà des rencontres, elle peut générer un « effet de chaîne », étendre les communications proactives, ajouter de nouveaux récits, susciter une plus grande capacité d'action et soutenir et renforcer l'engagement pacifique des gens pour le changement. Cela nous donne de l'espoir. Elle s'oppose aux médias sociaux hostiles, qui défendent le statu quo et les positions des partis pris et conseillent l'indifférence ou la passivité.

Parmi ceux qui assistent aux réunions sur le climat, il faudrait qu'il y ait non seulement des experts, des agents de terrain, des parties prenantes et des membres de la communauté, mais aussi des membres de l'Église et des personnes d'autres religions. Leur foi devrait soutenir dans la communauté l'espoir, qui serait aussi renforcé par une attitude de dialogue interreligieux.

Pendant ce temps, les dynamiques sociales en cours influenceront l'évolution continue et future du processus des Cop. L'Église doit continuer à créer des espaces afin que les voix les plus importantes puissent être entendues. Le message de l'Église – basé sur les dernières sections de *Laudato si'* consacrées au dialogue, à l'éducation et à l'action personnelle – est porteur d'un sentiment très nécessaire de gratitude et d'espoir, ainsi que de processus de réconciliation et d'appartenance, dont tous, et particulièrement les jeunes, ont besoin. La dimension religieuse de la résilience communautaire y est aussi liée. S'il est vrai que la réponse à l'urgence climatique exige l'attention et l'engagement de chaque groupe religieux, il est également nécessaire que nous traversions les frontières des religions. Dans l'affirmation que « nous devons prendre soin de notre maison commune », l'adjectif « commune » est décisif, et de ce fait les expressions interreligieuses sont essentielles.

Les débats sur l'action climatique sont souvent fondés sur un langage négatif de ressentiment et d'opposition : nous entendons des expressions telles qu'« on nous demande un sacrifice excessif » et « on nous contraint à un sacrifice plus élevé que celui des autres ». Ces attitudes sont compréhensibles : c'est normal que les gens éprouvent du ressentiment quand ils sont traités injustement. Toutefois, ces critiques ne doivent pas être reprises dans les discussions sur le climat. « Souvent on vit le changement en se limitant à revêtir un vêtement nouveau et à rester, en fait, comme on était avant », a observé le pape François lors des salutations de Noël qu'il a adressées à la Curie romaine l'année dernière. Toutefois, cela ne doit pas se produire « parce que ce temps que nous vivons n'est pas seulement *une époque de changements, mais un véritable changement d'époque*. Nous sommes donc dans l'un de ces moments où les changements ne sont plus linéaires, mais d'époque ; ils constituent des choix qui transforment rapidement notre mode de vivre, de tisser des relations, de communiquer et de penser, de se comporter entre générations humaines[18] ».

18. François, *Discours lors de la Présentation des vœux de Noël de la Curie romaine,* 21 décembre 2019. Cursive dans le texte original.

Peut-être devrions-nous inclure dans notre vocabulaire l'expression « changement d'époque », pour souligner la gravité et la complexité du défi actuel. L'insistance de l'Église sur le développement humain intégral tient compte de cette complexité. Contrairement à certaines voix stridentes, nous refusons de sauvegarder les privilèges de certains êtres humains, en excluant d'autres de la vie pleine, de même que nous refusons d'abandonner certains aspects de l'être humain pour favoriser une notion étroite d'authenticité humaine. Comme le soulignait saint Paul VI, le développement, « pour être authentique, il doit être intégral, c'est-à-dire promouvoir tout homme et tout l'homme[19] ». Il doit impliquer non seulement le corps mais aussi l'âme, non seulement l'âme mais aussi le corps, non seulement la famille humaine mais toute la maison commune et toute la vie qui y est présente, dans la perspective de l'écologie intégrale bien décrite dans *Laudato si'*.

La crise climatique est multidimensionnelle, ou « multiforme », pour reprendre un terme cher au pape François. Toutes les facettes de ce polyèdre sont d'une importance vitale et d'un intérêt positif. Si nous ne pensions qu'à ce qui est éternel et négligions la maison commune de notre existence terrestre, certaines facettes du polyèdre manqueraient : il manquerait d'intégrité et s'effondrerait. Nous accomplissons notre mission humaine quand nous nourrissons les étrangers affamés et bienvenus, c'est-à-dire quand nous faisons face aux besoins réels des frères et sœurs, au lieu de simplement crier : « Seigneur, Seigneur » (Mt 7,21-23).

Le Saint-Père a souligné la nécessité de s'attaquer en même temps à la pauvreté dans le monde et à la dévastation de l'environnement : deux batailles morales étroitement liées l'une à l'autre dans le destin de notre maison commune. Il s'agit d'une vérité fondamentale, à la fois chrétienne et humaine, que les leaders mondiaux ont du mal à focaliser. Sur le chemin de la COP26 et

19. Paul VI, s., *Populorum Progressio, n*° 14.

au-delà, chacun a le devoir de défendre ces idéaux et de donner le bon exemple, de diriger toute la famille humaine vers l'espoir et les actions justes[20].

Traduction Sœur Pascale Nau op

20. Les auteurs remercient les pères Pedro Walpole sj, éco-coordinateur des jésuites, Joshtrom Kureethadam et Augusto Zampini Davies, du Dicastère pour le service du développement humain intégral, ainsi que M. Tomàs Insua, Directeur exécutif du *Global Catholic Climate Movement*, pour leur contribution à cet article.

LES JÉSUITES ET LES YEUX DE FRANÇOIS
Sept ans de pontificat

Arturo Sosa sj

Ces dernières années, la Compagnie de Jésus s'est interrogée sur la manière de servir le Seigneur et l'Église au temps du pontificat de François dans le contexte social, politique et économique que le monde traverse.

Le point de départ de notre discernement - qui a engagé toutes les communautés jésuites et toutes nos œuvres apostoliques - a été notre « unité dans la diversité » des cultures, des langues et des traditions. Actuellement, la Société est composée d'environ 15 600 jésuites, dispersés dans près de 110 pays à travers le monde, avec une plus grande densité qui s'est déplacée de l'Europe vers la ceinture qui va de l'Amérique latine à l'Asie, en passant par l'Afrique[1]. Nous collaborons dans toutes les parties du monde avec des milliers de laïcs, d'autres religieux et religieuses, des prêtres diocésains, des hommes et des femmes engagés dans la même mission apostolique dans les domaines théologique et spirituel, culturel et social.

Ce riche processus d'écoute et de discernement nous a permis de présenter au Saint-Père quatre préférences apostoliques universelles : 1) *Indiquer le chemin vers Dieu à travers les Exercices spirituels et le discernement ;* 2) *Marcher avec les pauvres, les exclus du monde, les blessés dans leur dignité, dans une mission de réconciliation et de justice ;* 3) *Accompagner les jeunes dans la création d'un avenir d'espérance ;* 4) *Collaborer aux soins de la maison commune* .

En 2003, la Société a établi comme préférence le ministère en Chine et en Afrique, le service des migrants et des réfugiés, l'apostolat intellectuel et ses Institutions internationales à Rome. Ils ont rappelé les cinq grands besoins de la mission qui pouvaient

1. Début 2019, il y avait 15586 jésuites : 11208 prêtres, 1031 frères, 2609 scolastiques et 738 novices.

être gérés avec l'aide du Corps universel de la Compagnie. Ces besoins restent un défi pour nous tous et ne doivent pas être négligés ni remplacés.

Les quatre préférences indiquées sont des « orientations » qui mettent en évidence le caractère spirituel de notre mission. Il n'y a pas une préférence plus importante que les autres : tous sont pour nous un appel qui touche notre identité et doit être considéré et compris ensemble. De plus, elles n'énumèrent pas de nouvelles « choses » à faire mais traitent de « l'inspiration sur la façon de faire » et vivre la mission, dans un horizon universel, à décliner dans les spécificités des lieux où nous sommes.

Dans sa lettre de confirmation du 6 février 2019, le pape François a déclaré que « le chemin suivi par la Compagnie pour parvenir aux préférences apostoliques universelles a été [...] celui d'un véritable discernement ». Les préférences proposées sont, selon le Pape, « en harmonie avec les priorités actuelles de l'Église, exprimées à travers le magistère ordinaire du Pape, des Synodes et des Conférences épiscopales, notamment à partir de *Evangelii gaudium* ». Le Pape a ensuite ajouté :

« La première préférence est capitale, car elle suppose comme condition fondamentale la relation du jésuite avec le Seigneur, la vie personnelle et communautaire de prière et de discernement ». Puis, il a réitéré : « Sans cette attitude de prière, le reste ne fonctionne pas ».

L'expérience de saint Ignace de Loyola nous enseigne que l'on ne peut pas donner de vieilles réponses aux nouveaux problèmes de l'Église et du monde. Pour réformer les institutions, il faut réformer le cœur de ceux qui les gouvernent. Ignace était un « homme-pont » du 16e siècle, celui des changements d'époque, quand les espaces de la planète et de l'homme se sont dilatés il a fallu bâtir un monde nouveau ; Christophe Colomb venait de découvrir l'Amérique ; avec Copernic, la science préconisa que c'est la terre qui tourne autour du soleil ; c'étaient l'époque de Luther et du Concile de Trente...

Dans des changements d'une époque comme la nôtre, chaque réforme interne de l'Église commence par récupérer le rapport avec soi-même en relation au Christ, en communion avec le successeur de Pierre. Les préférences apostoliques universelles ont été formulées dans cet esprit. Elles sont nées de la rencontre avec Jésus crucifié, dont l'amour donne un « regard universel ». Ce passage de l'Évangile de Jean nous le rappelle : « Dieu, personne ne l'a jamais vu : le Fils unique qui est Dieu et qui est dans le sein du Père, c'est lui qui l'a révélé » (1 Jn 1,18). Il est donc nécessaire de cultiver comme le dit saint Ignace, « la connaissance intérieure du Seigneur, qui s'est fait homme pour moi, afin de l'aimer et le suivre davantage[2] ».

C'est pourquoi le Pape nous a demandé de repartir de la spiritualité. Pour la Compagnie, placer le soin de la vie spirituelle au centre, selon le charisme que nous avons reçu, signifie réactiver les processus, générer de l'espérance, permettre de voir le monde comme Dieu le regarde. Les gestes, les mots et les choix du pontificat de François doivent être lus avec ce regard universel, qui recompose les tensions, les malentendus et les intérêts particuliers.

Le chemin vers Dieu à travers des Exercices spirituels et le discernement

Le mot « discernement » est l'un de ceux qui caractérisent ce pontificat. Toutefois, il faut bien le comprendre, pour ne pas le comprendre mal, dans le sens de « faire ce que je veux » et le justifier.

Certaines tendances des cultures contemporaines semblent vider le discernement de sa signification anthropologique, c'est-à-dire du sens de l'obligation envers les impératifs de la conscience, de la responsabilité envers les pauvres qui souffrent et, enfin, de l'obéissance à la volonté de Dieu[3]. Seul le discernement intègre à la fois la vérité et la liberté, la loi et la responsabilité, l'autorité et l'obéissance, ce qui, du latin *ob-audire*, signifie « écouter devant l'Autre ».

2. Ignace de Loyola, S., *Exercices spirituels, n*° 104.
3. Dans le *Notre Père*, nous prions : « Que ta volonté soit faite sur la terre comme au ciel ».

Le désir et la volonté de discerner ne se tiennent pas pour acquis. Généralement, ce n'est pas une attitude spontanée ou normale. Le discernement n'est pas simple ; car, c'est un processus complexe qui implique toutes les personnes et les groupes qui le font. Il faut donc se demander : existe-t-il une réelle volonté de discerner ? Les étapes de ce processus sont résumées par le Pape dans *Evangelii gaudium*, quand il cite les trois verbes : « reconnaître », « interpréter », « choisir ».

Depuis qu'Ignace de Loyola a systématisé les règles du discernement en 1523, celles-ci sont devenues une grammaire commune offerte à tous les hommes de bonne volonté. L'expérience des *Exercices spirituels* conduit à comprendre la vocation à laquelle nous sommes appelés pour servir le Christ, et donc à choisir librement de le faire. Grâce au discernement, on peut distinguer les séductions du mal – y compris quand elles sont vêtues de l'apparence du bien – par des signes de la présence de Dieu opérant dans l'histoire humaine. Le discernement conduit donc à faire des choix sur le sens de sa propre vie.

C'est dans le discernement que prennent forme les grandes questions de la vie personnelle et de la communauté chrétienne et humaine : Qui suis-je appelé à être ? Quelle décision est utile de prendre en tant que communauté de croyants pour le bien de tous ? Comment éviter le mal social et construire le bien commun ?

Dans la vie personnelle, comme dans la vie sociale et politique, le discernement aide à la construction du bien commun : ceux qui le font en reçoivent « du courage, de la force, des consolations et la paix », écrit Ignace de Loyola dans les *Exercices spirituels*. Par le discernement, nous ne nous séparons plus entre les croyants et les non-croyants, mais entre les hommes moraux et immoraux, entre ceux qui promeuvent le bien de tous et ceux qui sèment la peur et la division. Mais il y a davantage. Dans le discernement communautaire, les limites des crises personnelles et sociales peuvent laisser une place à la vie qui naît après la mort et les nouveaux signes des temps.

La Déclaration universelle des droits de l'homme est un exemple de la manière dont les peuples et les nations ont mûri le discernement, plaçant la dignité de la personne au centre. Malheureusement, ces dernières années, nous avons assisté à une réduction de l'universalité des droits humains ; nous voyons le rapport entre la loi et le pouvoir changer. Nous pourrions en donner de nombreux exemples : des immigrants à la frontière mexicaine aux requérants d'espoir en mer Méditerranée, des exodes silencieux des populations d'Afrique aux persécutions des minorités ethniques en Asie et Amérique latine. C'est le pouvoir politique qui décide, de temps en temps, si les personnes qui n'ont pas droit à la citoyenneté peuvent jouir des droits humains.

C'est la société laïque qui nous interpelle. Pour proclamer l'Évangile, il faut surmonter à la fois la laïcité et la nostalgie des expressions culturelles du passé. La société laïque est aussi un signe des temps qui nous offre l'opportunité de forger notre foi dans l'histoire. C'est le lieu où de nouveaux espaces s'ouvrent pour la liberté humaine et, en celle-ci, pour la liberté religieuse. C'est dans la société laïque que les conditions se posent pour une adhésion renouvelée à la suite de Jésus dans les cercles sociaux, économiques, culturels et politiques de notre temps.

Marcher avec les pauvres, dans une mission de réconciliation et de justice

Pour le pape François, l'avenir de l'humanité passe par l'inclusion sociale des pauvres, la construction de la paix et le dialogue social[4]. L'inclusion des pauvres n'est pas donnée de l'extérieur : elle n'est possible que s'ils décident de la réaliser. La condition pour construire l'inclusion, la justice et la paix est de « marcher ensemble ». François donne l'exemple. Il n'y a pas de recettes théoriques : il faut marcher ensemble. Toutefois, pour le faire, nous devons vraiment approcher les pauvres comme des personnes, apprendre à connaître leur vie et acquérir leur vision de la vie. Ce faisant, nous pouvons continuer sur la route parcourue par Jésus de Nazareth lorsqu'il s'est incarné « pauvre parmi les

4. Cf. FRANÇOIS, Exhortation apostolique *Evangelii gaudium* (EG), n° 185.

pauvres ». Ce n'est qu'ainsi que nous pouvons voir le monde du point de vue des pauvres.

Les injustices doivent être reconnues et appelées par leur nom, et il faut étudier leurs causes, afin de promouvoir le changement des structures économiques, politiques et sociales qui les génèrent. Nous devons l'admettre : ce n'est pas une tâche intellectuelle simple de comprendre pleinement les causes structurelles des injustices et des conditions inhumaines dans lesquelles se trouve la majorité des êtres humains. Tant la complexité de la réalité que les conditions de ceux qui la vivent requièrent de notre part un effort original et systématique.

La justice peut être nourrie de la racine de la vengeance ou de la racine de la réconciliation. La justice, fruit de la réconciliation, consiste à restaurer les relations construites sur de mauvaises bases, celles entre les gens, entre les peuples et leurs cultures, avec la nature et avec Dieu. Le pape François écrit dans *Evangelii gaudium* : « Dans la mesure où il réussira à régner parmi nous, la vie sociale sera un espace de fraternité, de justice, de paix, de dignité pour tous. Donc, aussi bien l'annonce que l'expérience chrétienne tendent à provoquer des conséquences sociales. Cherchons son Royaume : "Cherchez d'abord son Royaume et sa justice, et tout cela vous sera donné par surcroît" (Mt 6,33). Le projet de Jésus est d'instaurer le Royaume de son Père ; il demande à ses disciples : "Proclamez que le Royaume des cieux est tout proche" (Mt 10,7) » (EG 180).

La dimension politique reste primordiale pour promouvoir la justice et la réconciliation. Un monde juste et gouverné démocratiquement requiert que nous soyons des citoyens authentiques. Investir dans la formation à la citoyenneté nous aidera à renforcer la démocratie politique, à promouvoir les organisations sociales engagées dans la recherche du bien commun et à endiguer les conséquences néfastes des différentes formes de « néolibéralisme », de fondamentalisme et de populisme. Chaque personne est appelée à être responsable de sa citoyenneté et à s'y éduquer.

Il faut des personnes qui gouvernent en mettant le bien commun au-dessus des intérêts particuliers, même légitimes. D'un point de vue chrétien, devenir un « politicien » signifie écouter et répondre à un appel du Seigneur. Découvrir, promouvoir et former des vocations pour la fonction publique fait partie de la mission de réconciliation et de justice. C'est la politique, avec un « P » majuscule, dont parle François.

Pour la Compagnie de Jésus, la mission de justice et de réconciliation signifie marcher, comme Jésus, avec les pauvres, aider les migrants et les victimes de la traite des êtres humains, contribuer à éliminer tous les types d'abus, à l'intérieur comme à l'extérieur de l'Église. Il n'y a pas l'ombre d'un doute, l'injustice structurelle est liée à l'abus de pouvoir, l'abus sexuel et l'abus de conscience. Promouvoir la justice signifie donc contribuer efficacement à éradiquer toutes les formes d'abus.

Le père Pedro Arrupe, missionnaire au Japon et Supérieur général de la Compagnie de Jésus de 1965 à 1983, nous a enseigné que le service de la foi et la promotion de la justice sont deux poumons d'un seul corps : sans la dimension de la foi, l'action deviendrait idéologique ; sans construction de la justice, le témoignage chrétien se limiterait à la gestion du culte. C'est aussi sous ce binôme « foi-justice » que se comprend le pontificat de François.

Accompagner les jeunes dans la création d'un avenir d'espérance

Le réseau éducatif ignatien accompagne environ un million d'élèves dans le monde chaque année, si l'on inclut les écoles de *Fe y Alegria*. Pour la Compagnie, c'est une grande responsabilité de former « des hommes et des femmes avec et pour les autres ». Les jeunes générations évoluent rapidement : un demi-siècle s'est écoulé depuis 1968 jusqu'à aujourd'hui et les jeunes du troisième millénaire, craignant de perdre le peu qu'ils ont gagné par eux-mêmes récemment, ont commencé à revendiquer ensemble leurs droits sociaux. Leur génération pose des questions à l'ensemble du système éducatif et social :Vers quel objectif sont-ils orientés ? Comment les accompagner ? Quel dialogue est possible ?

Notre mission est de préparer avec eux un avenir d'espérance. Les pauvres et les jeunes sont devenus les « lieux théologiques », les crucifix du monde actuel, d'où peut jaillir une vie nouvelle. Le Saint-Esprit nous parle aujourd'hui à travers les jeunes. Cela ressemble à une provocation, puisque la majorité d'entre eux sont des pauvres, et elle nous parle quand nous les accompagnons dans leurs contextes de vie, quand nous nous immergeons dans leurs angoisses et leurs rêves. Nous sommes tous appelés à nous rapprocher des mondes où ils vivent.

Plus que de parler d'un « enseignement » – un terme dont l'étymologie rappelle une « mise à l'intérieur » –, l'Église, guidée par François, parie sur l'« éducation » des jeunes, et ce dans le sens le plus élevé de « tirer hors » de leurs ressources, innovations et valeurs.

La dimension de l'expérience est un élément important pour accompagner un jeune. Selon la tradition ignatienne, il faut une formation continue et personnalisée, à l'aide de lectures spirituelles ou d'études choisies, la création de lieux d'écoute, l'engagement au service de la société et des journées de prière et de silence à vivre au cours de l'année pour avoir la possibilité de relire sa vie.

La Compagnie de Jésus a choisi d'écouter les jeunes. Elle leur demande d'être aidés à comprendre la mission par une mise à jour, un *upgrade*, afin d'être provoquée par leur recherche de foi, leur langage, leurs affections et leurs nouvelles pratiques, pour créer un nouveau sentiment d'appartenance communautaire qui inclut et ne s'arrête pas à ce que les jeunes vivent seuls et sur la toile. L'enjeu est de créer ensemble des « espaces existentiels » où les jeunes sont de véritables protagonistes, apprennent à prendre des décisions et orientent les processus personnels et communautaires.

Collaborer aux soins de la maison commune

Le pape François a dit à plusieurs reprises que *Laudato si'* (LS) est une encyclique sociale. En fait, il n'y a pas deux crises distinctes : l'une environnementale et l'autre sociale, mais une crise socio-environnementale. L'encyclique nous invite à promouvoir un nouveau modèle de développement humain intégral, car « tout dans le monde est intimement lié » (LS 16).

Ce défi nous appelle à proposer des modèles de vie alternatifs, durables, fondés sur le respect de la création et capables de produire et distribuer des biens avec justice, afin qu'une existence digne soit garantie à tous. Chacun de nous est appelé à relever un double défi : d'une part, contribuer à créer des alternatives au modèle existant qui met en danger la vie de la planète et, d'autre part, témoigner d'un style de vie qui manifeste l'harmonie avec l'environnement. Bien sûr, notre engagement à promouvoir des changements structurels est nécessaire ; mais les « petits changements » - ceux qui affectent nos modes de vie quotidiens tels que l'utilisation du plastique, de l'énergie, le type de transport, le choix des vêtements, etc. - ont aussi urgents.

L'écologie intégrale devient ainsi le paradigme capable de contenir les phénomènes et problèmes environnementaux (réchauffement climatique, pollution, épuisement des ressources, déforestation, etc.) avec tous les autres problèmes de la vie, tels que l'habitabilité et la beauté des espaces urbains, les comportements vertueux, le bon aménagement des villes. Plus encore, l'attention aux liens et aux relations permet de trouver dans l'écologie intégrale une clé pour lire la vie à tous les niveaux, du rapport avec son propre corps (cf. LS 155) aux dynamiques sociales et institutionnelles : « Si tout est lié, l'état des institutions d'une société a aussi des conséquences sur l'environnement et sur la qualité de vie humaine [...]. Dans ce sens, l'écologie sociale est nécessairement institutionnelle et atteint progressivement les différentes dimensions qui vont du groupe social primaire, la famille, en passant par la communauté locale et la Nation, jusqu'à la vie internationale » (LS 142).

Pour la Compagnie de Jésus, le soin d'écosystèmes devenus fragiles, comme la vie en Amazonie, en Inde et en Indonésie et dans les bassins du Congo, est un moyen de rendre un culte authentique à l'œuvre créatrice de Dieu.

La citoyenneté universelle se construit à travers une politique supranationale qui privilégie la coopération plutôt que la division, afin que des biens tels que l'eau, l'air, la terre et le climat soient confiés non pas à la gestion des nations individuelles mais aux soins de la communauté humaine universelle.

Depuis son origine, la Compagnie de Jésus a été formée par des jésuites de différentes cultures et nations, appartenant à des États qui étaient en guerre les uns avec les autres. Ce regard universel, qui surmonte les divisions, naît de trois expériences : une profonde amitié avec le Seigneur Jésus, l'étude et le service aux plus nécessiteux. Nous l'expliquons avec deux images, qui sont toujours valables pour nous aujourd'hui.

Sur la place du Collège romain, à Rome, se trouve l'ancien Collège romain fondé par Saint Ignace, où se préparait le clergé du monde entier, et une petite maison, appelée « Sainte-Marthe », où les prostituées étaient accueillies et récupérées. On peut ainsi comprendre ce qu'était la mission pour saint Ignace.

Deuxième image. Quand le pape Paul III a demandé à saint Ignace d'envoyer deux théologiens jésuites au concile de Trente, les pères Lainez et Salmerón se sont distingués non seulement par l'intelligence de leurs contributions théologiques mais aussi pour leur témoignage de vie : ils ont participé aux sessions du Conseil en logeant à l'hôpital pour assister les malades pendant leurs temps libres.

Les quatre préférences apostoliques universelles de la Compagnie sont comme des semences qui, pour germer, nécessitent soins, prière, étude, service, témoignage personnel et de la part de toute la Société. C'est une manière d'être Église que le Pape François connaît, car lui aussi appartient à notre expérience spirituelle. C'est un chemin à parcourir en collaboration et en partage avec d'autres Ordres et Congrégations religieuses, avec les laïcs et avec les mouvements, en dialogue dans un processus dynamique constant et en lien étroit entre nous.

Nous devons être capables de faire prévaloir la communion sur nos différences et de toujours évoluer vers des « frontières » géographiques et intellectuelles. Comme nos deux jambes, les dimensions spirituelles et intellectuelles nous soutiendront tout au long du chemin. Le reste se fera par la collaboration entre nous, dans la fidélité à l'Évangile et aux enseignements du Magistère.

« Dieu qui nous appelle à un engagement généreux, et à tout donner – écrit le Pape dans *Laudato si'* – nous offre les forces ainsi que la lumière dont nous avons besoin pour aller de l'avant. Au cœur de ce monde, le Seigneur de la vie qui nous aime tant, continue d'être présent. Il ne nous abandonne pas, il ne nous laisse pas seuls, parce qu'il s'est définitivement uni à notre terre, et son amour nous porte toujours à trouver de nouveaux chemins. Loué soit-il ! »(LS 245).

Traduction Sœur Pascale Nau op

PROTECTION DES MINEURS
Les pas en avant du Pape après la rencontre de février 2019

Federico Lombardi sj

Il y a quelques semaines, le 17 décembre 2019, la décision du Saint-Père d'exclure du « secret pontifical » les plaintes, procès et décisions concernant des cas d'abus sexuels commis au sein de l'Église a été publié. Cette décision a eu un large écho et a été saluée par beaucoup comme une avancée très importante – certains l'ont même qualifiée d'« historique » – dans la lutte contre ces crimes très graves.

Dix mois après la Rencontre sur la protection des mineurs dans l'Église (21-24 février 2019)[1], il convient de saisir cette occasion pour retracer le chemin parcouru depuis lors, car entre-temps le pape François a pris d'autres mesures non moins importantes.

La protection des mineurs dans la Cité du Vatican et la Curie romaine

Le premier pas a été franchi quelques semaines après la Rencontre, qui fut alors le fruit d'un travail déjà en cours auparavant. Le 26 mars, le pape avait signé un *Motu proprio* sur la protection des mineurs et des personnes vulnérables dans la Curie romaine et l'État de la Cité du Vatican, intitulé *La protection des mineurs*, accompagné d'une nouvelle loi de l'État de la Cité du

1. Les actes de la Réunion ont été publiés en italien dans le volume *Consapevolezza e purificazione*, Cité du Vatican, LEV, 2019. Sur le site du Vatican, les textes de tous les rapports sont également disponibles en d'autres langues : http ://www.vatican. va/resources/index_it.htm/ Cf. F. Lombardi, « Dopo l'Incontro su "La protezione dei minori nella Chiesa" », *Civ. Catt.* 2019 II 60-73.

Vatican sur le sujet, et de « Lignes directrices » pour le Vicariat de la Cité du Vatican[2].

À première vue, on pourrait penser que ces mesures sont d'une importance limitée, car elles couvrent une zone géographique et un nombre de personnes assez restreints. En réalité, ce pas a été très important. Grâce au *Motu proprio*, la nouvelle loi ne s'applique non seulement sur le territoire de l'État de la Cité du Vatican, mais concerne tout le personnel de la Curie romaine, y compris le corps diplomatique à l'étranger et les employés du Vatican. Le document du Pape énonce des principes fondamentaux, notamment le « devoir de signaler les abus aux autorités compétentes » ; le droit des victimes « d'être accueillies, entendues et accompagnées » ; le droit des accusés à « un procès équitable et impartial, respectant la présomption d'innocence, ainsi que les principes de légalité et de proportionnalité entre le crime et la peine » ; l'éloignement du condamné de ses fonctions, mais aussi le soutien pour sa réhabilitation psychologique et spirituelle ; une formation appropriée pour la protection des mineurs et des personnes vulnérables.

Les nouveautés les plus importantes de la loi sont les suivantes : l'assimilation des personnes « vulnérables » aux mineurs[3] ; les crimes liés à la maltraitance des enfants sont poursuivis « d'office », même sans plainte des parties ; le délai de prescription est porté à 20 ans après le 18e anniversaire de la victime ; tout « fonctionnaire publique » (c'est-à-dire la majorité de ceux qui travaillent au Vatican ou pour le Saint-Siège) a l'obligation de dénoncer ; un service d'accompagnement pour les victimes a été créé auprès de la Direction de la santé du gouvernorat de la Cité du Vatican ; des

2. Les trois documents sont cités intégralement dans l'*Osservatore Romano* du 30 mars 2019 et sur le site Internet du Vatican. La nouvelle loi est N. CCXCVII « Sur la protection des mineurs et des personnes vulnérables ». La législation antérieure figurait dans le *Motu proprio* « A notre époque », du 11 juillet 2013, accompagné de la loi n° VIII, qui avait également introduit le délit de « pornographie enfantine ».

3. L'art. 1.3, dit : « Est vulnérable toute personne en état d'infirmité, de déficience physique ou mentale ou de privation de liberté personnelle, ce qui en fait, même occasionnellement, limite sa capacité de comprendre ou de vouloir ou, en tout cas, de résister à l'offense ».

garanties procédurales sont introduites pour les mineurs appelés à déclarer.

Les « Lignes directrices » pour le Vicariat de la Cité du Vatican – qui définissent les devoirs et les compétences non pas dans le domaine « civil » mais dans les domaines « canonique » et « pastoral » – donnent aussi de nombreuses indications opérationnelles, qui seront d'une grande utilité non seulement pour traiter d'éventuels cas d'abus mais aussi pour diffuser et enraciner une véritable culture de protection et de prévention dans toute la sphère de la vie et des activités des institutions du Vatican et du Saint-Siège.

Cela répond au besoin, maintes fois exprimé, de voir les institutions exerçant leur service pour l'Église universelle donner le bon exemple et servir de modèles à toute l'Église, et que les lois et règlements en vigueur dans l'État de la Cité du Vatican et les institutions de la Curie romaine soient conformes aux conventions internationales, ratifiées par le Saint-Siège, y compris au nom et pour le compte de l'État de la Cité du Vatican.

Dans toute l'Église : Des centres dans chaque diocèse et l'obligation de dénoncer

Cependant, un deuxième pas en avant – cette fois-ci adressée directement à l'ensemble de l'Église universelle, et donc d'une portée beaucoup plus large – s'est fait le 9 mai, lorsque le pape François a publié un nouveau *Motu proprio* sur les abus et violences sexuels, intitulé *Vos estis lux mundi – Vous êtes la lumière du monde* (dit VELM, d'après les initiales du titre)[4]. Il faut souligner qu'il s'agit d'une loi valable pour toute l'Église, qui impose donc des obligations juridiques, dont certaines sont nouvelles et d'autres plus clairement formulées que par le passé. Ainsi, les mots prononcés par le Pape dans son discours final lors de la Rencontre de février, dont peu avaient noté l'importance, trouvent une application lorsque, parlant de « renforcer et vérifier » des « Lignes

4. Texte intégral et des commentaires se trouvent dans *Oss. Rom.*, 10 mai 2019.

directrices » des Conférences épiscopales, il a insisté sur la nécessité de « l'application des mesures qui ont valeur de normes et non pas uniquement d'orientations. Des normes, pas uniquement des orientations ![5] ».

Il est bon de rappeler que, après les indications données il y a une dizaine d'années par la Congrégation pour la doctrine de la foi, la plupart des Conférences épiscopales avaient formulé les demandes de « Lignes directrices » et beaucoup de diocèses s'étaient employés à les mettre en pratique. Cependant, tous ne l'avaient pas encore fait et, de plus, ces « Lignes directrices » ne sont pas contraignantes (sauf aux États-Unis, à la demande de la Conférence épiscopale), c'est-à-dire qu'elles n'obligent pas les évêques des différents diocèses à mettre en œuvre les mesures proposées.

Maintenant, le pape François, avec sa nouvelle législation, a soudainement surmonté les retards et les doutes ; et avec son autorité de pasteur de l'Église universelle, il a obligé tous les évêques, de toutes les régions du monde, à prévoir, dans un délai très court – un an à partir de la promulgation de la loi ! –, la mise en place d'un système public, fiable et accessible pour garantir que les victimes soient accueillies et entendues, et que ceux qui dénoncent soient protégés contre les représailles. Autrement dit, il doit y avoir dans chaque diocèse un bureau avec un responsable chargé de présenter les rapports.

C'est un pas très important : trop de personnes ne savaient pas à qui s'adresser et ont malheureusement été envoyées d'une instance à une autre, avec beaucoup de souffrance et de frustration. Désormais, tous les fidèles ont le droit de savoir comment et à qui ils peuvent signaler des abus ou des violences. Face à la complexité des relations dans un système global et articulé comme l'est l'Église catholique, avec toutes ses différences culturelles et administratives dans les diverses parties du monde, cette démarche est un étonnant signe de courage.

5. FRANÇOIS, Discours au le terme de la Rencontre « La protection des mineurs dans l'Église », 24 février 2019.

Un autre aspect décisif du document est le fait qu'il énonce en termes très clairs l'obligation de dénoncer, en précisant à qui l'obligation incombe et l'objet de l'obligation[6]. Tous les clercs et religieux – hommes et femmes (donc aussi toutes les religieuses) – sont soumis à l'obligation de dénoncer, tandis que les laïcs et même les personnes n'appartenant pas à l'Église peuvent dénoncer, sans y être obligés. Les rapports peuvent faire référence non seulement à la violence sexuelle contre des mineurs ou des adultes vulnérables, mais aussi à la possession ou à la distribution de matériel pédopornographique, à des actes de violence ou d'intimidation sexuelle et – point significatif – à la dissimulation de ces crimes, même lorsqu'elle est pratiquée par des autorités ecclésiastiques supérieures (comme les évêques, les cardinaux, les supérieurs généraux ou supérieures générales).

C'est un très grand pas en avant dans la direction de l'implication de tout le Peuple de Dieu dans la coresponsabilité pour éradiquer le fléau des abus sexuels, conformément à ce que le Pape François a exprimé et espéré dans ses *Lettres au Peuple de Dieu*[7]. Il est également remarquable que la dénonciation des différentes formes d'abus doit passer par un seul canal principal, qui doit avoir son lieu dans chaque diocèse. Il n'y a pas que les violences sexuelles contre les mineurs commises par des clercs – qui ont une gravité et une procédure spécifiques –, mais il y a aussi d'autres crimes, tels que la pornographie enfantine, les actes sexuels contre des adultes comme conséquences de violence ou d'abus de pouvoir, la dissimulation par des supérieurs, etc.

La différence de compétences en matière de jugement et d'action dans ces différents cas a souvent été une source de

6. Il s'agit bien sûr d'une obligation « canonique », c'est-à-dire relative à l'Église et à son organisation, alors que dans le domaine civil il faut suivre les lois de l'État dans lequel l'on vit, y compris en ce qui concerne les dénonciation d'abus.

7. Nous rappelons en particulier la *Lettre au Peuple de Dieu en marche au Chili*, du 31 mai 2018, et surtout la *Lettre au Peuple de Dieu*, du 20 août 2018, adressée à toute l'Église universelle, qui traite pour la première fois du fléau des abus et de la crise qui s'ensuit. De façon constante, le pape François a invité des représentants de toutes les Conférences épiscopales et de toute la vie religieuse à la Rencontre de février dernier pour exprimer le caractère synodal et collégial de la réponse de l'Église.

désorientation. Nous voulons maintenant que tous les cas soient renvoyés au même système, qui devra les traiter de manière appropriée. Par exemple, la violence ou les abus subis par des religieuses de la part de clercs (un problème dramatique qui a été plus ouvertement discuté ces dernières années) doivent également être signalés – c'est maintenant une obligation légale pour les religieuses aussi ! –, et les plaintes doivent être examinées avec rigueur.

La procédure pour les plaintes d'autorités ecclésiastiques supérieures

Un aspect très important du *Motu proprio*, développé dans la deuxième partie de la Loi, concerne la procédure d'enquête sur les abus et les violences ou leur dissimulation par des évêques et des cardinaux, ainsi que par les supérieurs généraux et supérieures générales[8]. Il s'agit de personnes qui occupent des postes de pouvoir dans l'Église qui, en eux-mêmes, ne prévoient aucune autre autorité supérieure (à part le pape).

L'attente que ces personnes puissent elles aussi être appelées à rendre compte de leurs actes et omissions dans le domaine des abus et de la violence, en particulier de leur comportement de « dissimulation » de crimes qu'elles-mêmes ont commis – malheureusement, un fait non pas rare, surtout dans le passé –, était très forte, croissante et souvent exprimée tant par de nombreuses victimes et leurs organisations que par le monde de la presse et des communications, en particulier dans les régions anglophones, mais pas seulement.

C'est l'un des principaux aspects du thème de la *accountability* (« la responsabilité de rendre des comptes »), qui a été mis, explicitement et non par hasard, au centre des réflexions du deuxième jour de la Rencontre de février et faisait déjà l'objet d'une

8. Bien qu'il ne s'agisse pas de cas fréquents, les abus commis par les hautes autorités ecclésiastiques suscitent un scandale et des dommages incalculables pour les personnes concernées et pour l'Église : il suffit de penser aux cas du P. Marcial Maciel et du Card. Theodore McCarrick.

réflexion et d'un débat intenses de la part des Conférences épiscopales des régions anglophones, en particulier des États-Unis.

À ce sujet, la VELM formule courageusement une norme universelle – autrement dit, valable pour toute l'Église – en soutenant la procédure à suivre dans la première phase de l'enquête, c'est-à-dire celle qui doit avoir lieu au niveau « local », sur un élément clé de la constitution hiérarchique de l'Église, à savoir la figure du « métropolitain » ou archevêque à la tête d'une « province ecclésiastique » composée de plusieurs diocèses voisins. En effet, il doit recevoir les rapports concernant les évêques et procéder à l'enquête, en utilisant, si nécessaire, l'aide de laïcs experts et compétents.

Quant à la deuxième étape de la procédure – celle qui se déroule à Rome, avec le jugement final du Pape, aidé par les services de la Curie romaine compétents dans les différents cas –, il existe déjà un précédent *Motu proprio* de 2016, *Comme une mère aimante* (CUMA), qui traite non seulement des questions d'abus sexuels et leur prise en charge mais plus généralement des cas de négligence de la part des évêques et d'autres supérieurs.

Un autre des aspects qui suscitent souvent du trouble et de vives critiques dans les cas d'abus sexuels est celui du temps, c'est-à-dire les retards et les lenteurs qui empêchent de réagir rapidement et efficacement aux rapports reçus, et donc d'arriver à des conclusions dans un délai raisonnable. Le VELM répond à ce problème en fixant des délais très courts pour la réalisation des enquêtes.

L'évêque ou le métropolite doit rapidement transmettre le rapport au dicastère de la Curie romaine compétent ; ce dernier est tenu de répondre à l'évêque dans un délai de 30 jours, en donnant des instructions pour l'enquête ; l'évêque est ensuite obligé de faire un rapport tous les 30 jours au dicastère et de conclure l'enquête dans un délai de 90 jours (sauf prolongation). Si ces indications sont mises en pratique, le progrès par rapport à aujourd'hui sera très sensible.

Enfin, notons que la VELM s'inscrit dans la continuité de la réglementation déjà promulguée le 26 mars dernier, en reprenant l'assimilation des mineurs et personnes vulnérables, ainsi que la définition de ces dernières. Une attention particulière est aussi accordée à la formulation des devoirs de prise en charge des victimes et de leurs familles, à la protection de ceux qui signalent les abus, par la précision qu'« Aucune personne qui effectue un signalement ne peut se voir imposer une contrainte au silence sur le contenu de celui-ci » (article 4.3), et à la protection des accusés (leur information et leur présomption d'innocence).

La suppression du « secret pontifical » sur les abus

Le troisième pas important, franchi par le pape François le 6 décembre dernier, consiste dans la publication du Rescrit pour l'Instruction *Sur la confidentialité des causes*[9]. Le document précise que « les dénonciations, les procès et les décisions relatifs aux délits énoncés » dans le domaine de l'abus d'enfants, de la violence sexuelle, de la pornographie enfantine et du camouflage des abuseurs par les supérieurs ne sont pas couverts par le « secret pontifical ».

Pour bien comprendre et éviter tout équivoque et confusion au sujet de cette abolition du « secret pontifical », il faut distinguer trois types de « secret » différents. Il y a tout d'abord celui dit « de la confession », relatif au sacrement de la confession. L'Église la considère comme intangible, bien qu'elle soit aujourd'hui encore remise en question dans certains pays dans le cadre des débats sur les abus (par exemple, en Australie, mais aussi ailleurs). La nouvelle Instruction ne parle nullement de cette question[10]. Il y a ensuite ce qu'on appelle le « secret professionnel » qui, dans le domaine qui nous intéresse, est réglementé par le droit canon

9. L'Instruction fut promulguée le 17 décembre et entra immédiatement en vigueur. Le texte et des commentaires se trouvent *Oss. Rom.* du 18 décembre 2019. L'article de Mgr Juan I. Arrieta, « Riservatezza e dovere di denuncia »est très utile pour une juste interprétation de l'Instruction..

10. A ce sujet, la note du Pénitencier apostolique, *Sull'importanza del foro interno e l'inviolabilità del sigillo sacramentale*, datée du 29 juin 2019, est très importante ; elle a été publiée dans l'*Oss. Rom.*, 1-2 juillet 2019, avec un commentaire du Pénitencier majeur, le Card. Mauro Piacenza.

pour « garantir la sécurité, l'intégrité et la confidentialité, afin de protéger la bonne réputation, l'image et la vie privée de toutes les personnes concernées ». Cela non plus n'est nullement remis en cause par l'Instruction qui, au contraire, le réaffirme explicitement au n° 3. Il serait donc totalement faux de penser que l'Instruction entend permettre une vague de publicité incontrôlée sur toutes les questions et causes d'abus, favorisant le scandale et une curiosité mal placée.

Ce qui est supprimé, en ce qui concerne le domaine des abus sexuels, c'est le « secret pontifical », c'est-à-dire un devoir particulier de confidentialité imposé, dans certains cas, à certaines catégories de personnes (par exemple, les évêques, les représentants pontificaux ou les fonctionnaires de la Curie), sur des sujets déterminés qu'ils doivent traiter en raison de leur fonction, afin de protéger le bien commun de la communauté ecclésiale et le bien des personnes individuelles.

Or, l'Instruction *Continere Secreta Continere* de 1974, qui réglemente encore le secret pontifical, mentionne parmi les sujets soumis à cette législation (par exemple, la rédaction de documents pontificaux, les consultations sur les nominations épiscopales, les informations des représentants pontificaux auprès du Saint-Siège, etc.) également les dénonciations, les procès et les décisions relatifs aux délits graves contre la morale – donc, en pratique, tous les sujets relatifs aux problèmes des abus et des violences sexuelles. Cela a posé un certain nombre de problèmes qu'il était urgent de clarifier, relativement à l'obligation de dénoncer en vertu de la nouvelle législation et pour respecter des lois de l'État et répondre aux demandes d'information et de documentation de la part des autorités judiciaires civiles, et concernant l'information donnée sur les causes et les peines, y compris aux victimes d'abus.

Ces sujets ont également été longuement débattus lors de la Réunion de février dernier, dont la troisième journée a été expressément consacrée au thème de la « transparence » dans la vie et le comportement de l'Église. Le *Motu proprio* de mars et celui promulgué en mai ont, par l'insistance sur l'obligation de signalement, le respect des lois de l'État et la collaboration avec les autorités civiles, rendu imminent un changement dans la discipline du secret pontifical dans cette matière et une clarification des limites du « secret professionnel », qui – comme le précise la nouvelle Instruction – ne peut en aucun cas être opposé à l'accomplissement des obligations des lois de l'État et des demandes exécutives des autorités judiciaires civiles (n° 4).

Conformément à ce qui a été dit précédemment au sujet de la VELM, l'Instruction réitère encore une autre limite au devoir de confidentialité, en précisant qu'aucune contrainte de silence ne peut être imposée « Aucun devoir de silence sur les faits en cause ne peut être imposé à celui qui effectue un signalement, à la personne qui affirme avoir été offensée et aux témoins » (n° 5). Pensant au nombre de fois que l'on a tenté – même avec des négociations maladroites – d'obtenir le silence des personnes offensées, il faut reconnaître que ce point indique aussi une volonté claire d'avancer sans incertitude sur la voie de la transparence totale.

En commentant l'Instruction, le professeur Giuseppe Dalla Torre[11] souligne combien l'abolition du secret pontifical est pertinente pour faciliter toutes les étapes de la procédure canonique, de la dénonciation aux enquêtes, à la phase préliminaire et au débat, jusqu'à la décision, tant dans les bureaux locaux qu'à la Congrégation de la Foi à Rome. Toutefois, l'auteur souligne surtout son importance et ses avantages pour éviter des situations d'incertitude, de difficultés ou de conflit dans les rapports avec les autorités civiles et lors de leurs demandes légitimes de coopération pour obtenir des renseignements et de la documentation. Le professeur Dalla Torre conclut avec optimisme que les innovations introduites « contribuent à favoriser le passage dans l'ordre canonique d'une attitude de méfiance et de défense vis-à-vis des systèmes étatiques à une attitude de confiance et de saine collaboration ».

Le jour même où la nouvelle Instruction a été publiée, un autre Rescrit du pape François a été publié avec deux dispositions particulières, attendues et utiles pour l'achèvement et la cohérence des prescriptions dans la matière dont nous traitons. Il s'agit du fait

11. Cf. G. Dalla Torre, « Un atto che facilita la collaborazione con l'autorità civile », *Oss. Rom.*, 18 dicembre 2019.

que le rôle d'avocat et de procureur dans les tribunaux diocésains et celui de la Congrégation pour la Doctrine de la Foi peuvent désormais être exercés non seulement par des prêtres, mais aussi par des fidèles laïcs ayant les qualités nécessaires ; et du fait que le crime de pornographie enfantine existe aussi du point de vue canonique, lorsque les sujets filmés dans les images ont moins de 18 ans (et non plus moins de 14 ans), comme c'était déjà le cas en vertu du droit de l'État du Vatican.

La lutte contre les abus et pour la dignité des mineurs se poursuit

Toutes les dispositions évoquées jusqu'à présent doivent être considérées comme une suite efficace donnée par le pape François à l'engagement de lutter sans concessions contre les phénomènes d'abus, qui a connu un moment crucial lors de la Rencontre de février. Mais cette lutte reste toujours ouverte et, de ce fait, d'autres actes sont attendus et suivront certainement[12].

En attendant, il est juste de noter que les épiscopats et les églises locales dans différentes parties du monde font aussi de grands progrès dans le traitement du problème. À titre d'exemple, nous voudrions signaler le premier grand Congrès latino-américain sur la prévention des abus dans l'Église, qui s'est tenu à Mexico du 6 au 8 novembre dernier, avec la participation de 400 délégués de toute l'Amérique latine, évêques, prêtres, consacrés et laïcs, et avec la présence – parmi les intervenants – de trois organisateurs et protagonistes de la Rencontre de février, à savoir le Card. Blaise Cupich, l'archevêque Mgr Charles Scicluna et le père Hans Zollner.

Cependant, des rassemblements similaires ont eu lieu sur d'autres continents et dans d'autres pays, tandis que se multiplient

12. Dans notre article « Dopo l'Incontro su "La protezione dei minori nella Chiesa" », *Civ. Catt.* 2019 II 60-73, nous indiquions une série d'engagements qui restent à mettre en œuvre, comme la révision du Livre VI du Code de Droit Canonique (dédié aux « Sanctions dans l'Église ») ou la publication d'un Manuel pour les évêques ou d'un système d'aide pour les diocèses qui se trouvent en difficulté devant leurs devoirs dans ce domaine délicat et complexe, etc.

les rencontres et les cours de formation, de divers types et niveaux, pour le personnel dédié au service ecclésial dans ce domaine. En Italie, le « Service pour la protection des mineurs » se construit non seulement au niveau national mais aussi au niveau régional (tous les responsables ont été nommés) et diocésain (au début du mois de décembre, 100 diocèses sur 226 avaient nommé des responsables)[13]. La Rencontre de février produit donc les effets que le pape François proposait, c'est-à-dire le lancement d'une réponse en chœur de l'Église au défi dramatique des abus.

Enfin, nous notons que sur le front de la protection des mineurs dans le monde numérique, le pape François a fait une nouvelle intervention importante à l'occasion de la Rencontre internationale pour la *Promoting Digital Child Dignity. From Concept to Action* – promue conjointement par l'Académie pontificale des sciences sociales, l'*Alliance pour la dignité de l'enfant* et l'*Alliance interconfessionnelle* (basée aux Émirats arabes unis) – qui s'est tenue à l'Académie pontificale des sciences sociales les 14 et 15 novembre.

La Rencontre a été conçue comme la continuation de l'engagement commencé avec le Congrès mondial de 2017 sur la *Child Dignity in the Digital World*[14], tenu à l'Université Grégorienne, et a réuni une centaine de chercheurs, d'experts et d'opérateurs techniques et économiques du monde numérique, des représentants d'institutions internationales et d'ONG, et des leaders religieux et politiques. Nous pouvons rappeler, entre autres durant les deux jours de travail, les interventions de la reine Silvia de Suède et du grand imam d'al-Azhar, Ahmad al-Tayyeb. Il convient aussi de mentionner – ce qui, semble-t-il, fut une « première » – la présence de représentants de tous les *Big Five* du monde numérique (Microsoft, Apple, Amazon, Google, Facebook), qui se sont déclarés prêts, en principe, à développer un discours commun de responsabilité dans le domaine de la protection des mineurs, au-delà des pressions de la concurrence mutuelle.

13. Cf. « Intervista a mons. L. Ghizzoni », *Avvenire*, 7 décembre 2019.

14. Cf. H. Zollner – K.-A. Fucks, « La dignità dei minori nel mondo digitale. Un Congresso internazionale alla Gregoriana », *Civ. Catt.* 2017 IV 333-338.

Le Pape a adressé un long discours aux participants, les recevant à l'ouverture de la conférence, dans lequel il a réitéré la nécessité d'un engagement commun de tous – scientifiques, politiques, législateurs, opérateurs économiques et techniques, éducateurs et responsables religieux – pour faire face aux défis du développement du monde numérique et, en particulier, aux risques qu'ils représentent pour les mineurs, leur intégrité et leur croissance humaine et spirituelle (abus en ligne, pornographie, etc.). Le pape François a déclaré qu'il est nécessaire de « trouver un équilibre adéquat entre l'exercice légitime de la liberté d'expression et l'intérêt social qui doit assurer que les moyens numériques ne soient pas utilisés pour commettre des activités criminelles au détriment des mineurs » ; puis, il a lancé un fort appel à la responsabilité des grandes entreprises dans le monde numérique, à la créativité des informaticiens pour développer une « éthique des algorithmes », en prévenant les conséquences négatives sur les internautes[15].

Le Secrétaire d'État, le Card. Pietro Parolin, est ensuite intervenu à la fin de la Conférence, pour réaffirmer l'engagement solidaire du Saint-Siège et de l'Église catholique sur un front d'étude et d'action si vaste et décisif pour les nouvelles générations et la famille humaine tout entière.

En résumé, l'Église continue à s'engager, tant à l'intérieur pour sa purification qu'à l'extérieur, en collaboration avec toutes les personnes et les institutions intéressées par le vrai bien de la jeunesse. C'est la bonne voie. Et le pape François la guide avec détermination et charisme. Au-delà de la souffrance, de l'obscurité des scandales et de la présence du mal, l'Église retrouve de l'élan dans sa mission.

Traduction Sœur Pascale Nau op

15. Le texte du discours a été publié dans l'*Oss. Rom.*, 15 novembre 2019. Nous rappelons également le précédent discours général du Pape sur le thème de la protection des mineurs dans le monde numérique, prononcé le 6 octobre 2017. Sur le thème des « algorithmes éthiques », cf. aussi A. Spadaro – P. Twomey, « Intelligenza artificiale e giustizia sociale. Una sfida per la Chiesa », publié dans ce même numéro.

« EST-CE LA MORT DE LA LUMIÈRE ? » Le film de Terrence Malick A Hidden Life :

Jean-Pierre Sonnet sj

Présenté en mai 2019 au Festival de Cannes où il a obtenu le prix du jury œcuménique et le prix François-Chalais, le dernier long métrage de Terrence Malick, *A Hidden Life* (*Une vie cachée*) révèle le pouvoir qu'a le cinéma de devenir épiphanie – d'être lumière à propos de la lumière.

Une vie cachée, représente – après une période expérimentale (2011-2017) un retour du réalisateur vers une narration plus structurée. Dans sa puissance narrative, le film en question, toutefois, prolonge de manière radicale l'art qui sous-tend *tous* les films de Malick, depuis *Badlands*. *À Hidden Life* est également le plus spirituel des films de Malick : « on y entre », a écrit Owen Gleiberman, « comme dans une cathédrale des sens », et on y entend la prière d'un homme.

Une vie cachée

Cet homme est Franz Jägerstätter (1907-1943), objecteur de conscience autrichien, exécuté par les Nazis à l'âge de trente-six ans. Lors du plébiscite du 10 April 1938, Jägerstätter fut le seul à voter contre l'*Anschluss* dans son village de St. Radegund, en Haute-Autriche, à la frontière allemande. Jeune paysan, il n'était membre d'aucune organisation politique ; il était essentiellement l'époux de Franziska Schwaninger (1913-2013), femme de foi profonde, qui le conduisit à lire la Bible et les vies de saints.

Lors de la conscription de 1940, Jägerstätter refusa de prêter serment d'allégeance au Führer ; l'exemption des fermiers lui valut toutefois de pouvoir rentrer chez lui. Le choix de l'objection s'approfondit alors en lui, à la suite de la première expérience militaire ainsi qu'en réponse à la persécution croissante de l'Église et à la campagne d'extermination d'adultes handicapés physiques et mentaux par le régime nazi. Une rencontre avec l'évêque de Linz s'avéra inconcluante, le laissant attristé devant l'incapacité de l'homme d'Église d'affronter les questions radicales. Jägerstätter fut finalement appelé au service actif en février 1943 – il était alors père de trois fillettes dont la plus âgée avait six ans. Il déclara aussitôt son objection de conscience.

Emprisonné à Linz et puis à Berlin-Tegel, il fut jugé en cour martiale le 6 juillet 1943 et condamné à mort pour entrave à l'effort militaire. À l'aumônier de prison Albrecht Jochmann qui lui demanda, après lui avoir donné l'onction des mourants, s'il avait encore besoin d'aide, il répondit : « J'ai tout, j'ai les Saintes Écritures, je n'ai besoin de rien d'autre ». Franz Jägerstätter fut guillotiné le 9 août 1943 dans la prison de Brandebourg – là même où près de dix mille handicapés mentaux ou autres malades avaient été gazés dans le cadre du programme d'euthanasie *Aktion T4*. Il fallut attendre une vingtaine d'années après la guerre pour que son nom refasse surface dans la mémoire publique, grâce aux écrits du sociologue Gordon Zahn et du moine trappiste Thomas Merton, l'un et l'autre pacifistes.[1] Franz Jägerstätter a été reconnu martyr par le pape Benoît XVI le 1er juin 2007 et a été béatifié à la cathédrale de Linz le 26 octobre 2007, jour de la fête nationale autrichienne.

« Une forme de narration qui ne peut être que filmée »

Inspiré par une telle figure, Terrence Malick a créé une œuvre d'une puissante intériorité, dominée par deux protagonistes, Franz et son épouse Franziska ou Fani, incarnés par August Diehl et Valerie Pachner, qui irradient le film de manière secrète et lumineuse. Historiographique – le film s'ouvre sur une séquence

1. Voir G.C. Zahn, *In Solitary Witness : The Life and Death of Franz Jägerstätter*, New York, NY, Holt, Rinehart and Winston, 1964 ; Th. Merton, *Faith and Violence : Christian Teaching and Christian Practice*, South Bend, IN, University of Notre Dame Press, 1968, p. 69-75.

d'archive, Adolf Hitler passant en revue les troupes du Reich à Nuremberg, et il est jalonné par une série de dates affichées à l'écran –, l'œuvre fait jouer à tout moment les ressources du récit. Le passage du facteur sur son vélo fait renaître chaque jour une inquiétude : porte-t-il la lettre de mobilisation du jeune fermier ? Les silhouettes des villageois qui s'approchent se joindront-elles au chœur des donneurs de leçons au « traître » du village ? La construction fortement narrative du film n'entrave cependant en rien la *manière* de Malick, dont le réalisateur britannique Christopher Nolan a dit qu'il était capable comme peu d'autres d'« une forme de narration qui ne peut être que filmée ».

La vraie force de Malick, écrit Juliette Goudot, « c'est d'avoir inventé une nouvelle grammaire de cinéma qui repose sur l'utilisation croisée et novatrice du *Steadicam* (permettant ces fameux travellings à hauteur d'homme) et de la voix off ». Dans *A Hidden Life*, grâce au système de prise de vues portatif du *Steadicam*, les images enlacent continûment les personnages, faisant percevoir l'intensité corporelle du drame, dans la personne de l'homme, bientôt voué aux coups et promis à la mort, du couple aux élancements amoureux, et des trois enfants pris et repris dans les bras de leurs parents.

Quant aux voix-hors-champ, elles glissent sur le monde et l'action filmée, en en révélant la pulsion la plus profonde. Qu'il s'agisse de monologues intérieurs, d'échos de paroles prononcées ou de lettres lues, elles rendent possible ce que Michel Chion a appelé « une narration décentrée ». Jamais les voix en question n'ont eu une telle incidence dans l'œuvre de Malick car *A Hidden Life* est tout entier le film d'un drame de conscience. De toutes ces voix (monologues intérieurs de personnages tiers compris), on imagine qu'elles résonnent dans la conscience du protagoniste ; cette dernière se projette alors sur celle du spectateur, qui bénéficie du concert de l'ensemble des voix.

Le protagoniste du film est paradoxalement un homme le plus souvent silencieux – et singulièrement aux jours de l'emprisonnent et du procès. Comme le serviteur souffrant du livre d'Isaïe, écrit Joel Mayward, « Franz ne parle pas ; il est conduit comme un agneau à l'abattoir, silencieux comme une brebis devant ses tondeurs » (Isaïe 53,7). Lorsque se fait entendre sa voix intérieure elle s'identifie alors à celle des psaumes, et notamment du Psaume 23 – « Le Seigneur est mon berger » – sur fond des vociférations des soldats nazis. Ici comme en d'autres de ses films, Malick est le réalisateur qui réhabilite l'ultime des droits humains, le droit à la prière.

Les travellings à hauteur d'homme et les voix-hors-champ s'accompagnent toutefois, dans une respiration typiquement malickienne, de plans mouvants sur le monde naturel – celui des alpages et des montagnes. La nature est toujours chez Malick l'autre protagoniste, aussi présent que tous les personnages réunis. « Il n'y a pas de champ de bataille » dans ce film de guerre, écrit Peter Debruge, « il n'y a que des champs de blé » – ou encore des prés au foin patiemment fauché. Comme dans cet autre film de guerre qu'est *The Thin Red Line*, situé sur l'île de Guadalcanal, aux antipodes de l'Autriche, les hautes herbes qui ondulent sous le vent sont une caresse, apaisant l'histoire cruelle des hommes. Si la nature peut refléter les orages et les jours sombres de l'histoire, elle peut aussi, avec le retour du printemps, soutenir l'espérance – ainsi que l'écrit Fani à son mari emprisonné. La vision de Malick rejoint ici la réponse divine à Job (Job 38–41), dans laquelle le monde naturel témoigne d'un dessein transcendant qui embrasse tous nos drames.[2]

Dans *A Hidden Life* comme dans tous les films de Malick, le chant de la nature est soutenu par celui, puissant, de la musique. La bande sonore originale de James Newton Howard alterne avec Bach, Beethoven, Haendel, Dvorak, Gorecki, Schnittke, Pärt, Kilar, Jovanovič et Parsons. L'effet créé, écrit Alain Boillat, est « un maelström fascinant de sons et d'images ». Entre le souffle du vent sur les hautes herbes ou dans les arbres, les ondes lumineuses et le flux musical se développent des synesthésies qui se prolongent bien au-delà de la séquence qui les fait naître : *A Hidden Life* est un film qui parle dans la durée.

2. Voir J.-P. Sonnet, « "Où étais-tu ?" *The Tree of Life* et le livre de Job », *Nunc* 26 (2012) 91-94.

« Je suis libre »

Le drame du protagoniste du film de Malick, écrit Peter Debruge, a cette particularité « de ne pas être défini par ses actions, mais par ses choix – et plus spécifiquement par ce qu'il ne fait pas ». Se démarquant de ceux qui l'entourent, Franz est celui qui choisit de ne pas se joindre au culte de « la force qui va ». Et ceci malgré son curé de paroisse qui le met devant les risques qu'il encourt, lui et sa famille, et malgré son évêque qui lui rappelle qu'il a, comme chacun, un devoir à l'égard de la patrie. Il lui répond : « Si Dieu nous donne le libre arbitre, nous sommes responsables de ce que nous faisons – et de ce que nous choisissons de ne pas faire ». La liberté du jeune homme est certes le prix d'une lutte onéreuse, mais elle est aussi toujours déjà là. À l'avocat qui lui souffle d'abjurer : « si tu signes ils te laisseront libre », il répond : « Mais je suis libre ».

« Penses-tu pouvoir changer l'issue de la guerre avec ta conduite ? », lui demande le juge de la cour martiale (Bruno Ganz, dans sa dernière apparition à l'écran) quelques minutes avant la sentence finale. Le silence de l'accusé le pousse à demander, tel un nouveau Pilate : « Me juges-tu ? ». « Non », répond Franz, « mais j'éprouve le sentiment de ne pouvoir faire ce que je considère profondément mal et injuste ».

Paradoxalement, la liberté vécue par le jeune homme dans le secret de sa conscience est aussi, et de part en part, une liberté vécue en dialogue. *A Hidden Life* est l'histoire de Fani autant qu'il est l'histoire de Franz. L'échange du couple se poursuit jusqu'au bout, par lettres interposées. Fani est, selon la formule biblique, « une aide en vis-à-vis » (Genèse 2,18), dans un réalisme responsable et une confiance toujours renouvelée. « Je t'aime quoi que tu décides, quoi qu'il advienne. Je suis avec toi », lui murmure-t-elle lorsqu'elle réussit à lui rendre visite en prison.

L'intensité du film tient alors dans l'alternance qu'il fait vivre entre sa vie à elle, toujours plus rude dans l'hostilité du village, et sa vie à lui, en proie aux sévices de ses gardiens. Leur distance est parcourue par les mots qu'ils s'échangent – en voix *off*, se jouant de l'alternance des scènes[3] : ils tiennent l'un par l'autre, l'un pour l'autre, osant des gestes de solidarité pour d'autres encore, en besoin d'aide immédiat. Dans la ferme, l'âne est là, dans sa douceur obéissante, comme une figure christique de l'homme emprisonné.

Le cinéma comme épiphanie

Une phrase scande le film, prononcée par l'évêque, par l'avocat et par le juge militaire : « crois-tu changer le cours des choses ? Rien de ce qui se passe ici ne sera connu au dehors ». Le film de Malick est le démenti de cette conviction, dans sa manière de rendre manifeste les choses cachées – les jugements sans appel dans l'espace clos des confrontations, les gifles dans l'obscurité des cellules, ou encore l'espérance qui renaît dans le secret d'un cœur. Voilà qui confère au titre du film – *Une vie cachée* – un surcroît de pertinence.

Ce titre fait écho aux lignes de George Eliot, qui concluent son roman *Middlemarch* (1871) : « La croissance du bien dans le monde dépend en partie d'actes qui n'ont rien d'historique et si les choses vont moins mal qu'elles ne le pourraient pour vous et pour moi, on le doit au nombre d'êtres qui mènent fidèlement des vies cachées avant de se reposer dans des tombes délaissées ».[4]

La beauté du film de Malick est de révéler cette vie cachée tout en en protégeant le mystère. Il est en cela épiphanique, et c'est là sans doute la pointe de l'œuvre en tant qu'œuvre cinématographique. Depuis les bien nommés frères Lumière, le cinéma est un art de la lumière et le film de Malick renchérit sur cette origine et cette vocation.

À un point du récit, un ami du village, peintre de fresques pieuses, partage son appréhension à Franz : « Cette année est-elle

3. Il s'agit alors d'extraits des lettres échangées par le couple, éditées par Erna Putz dans Franz Jägerstätter, *Letters and Writings from Prison*, Maryknoll, N.Y., Orbis Books, 2009.

4. G. Eliot, *Middlemarch*, édition et traduction de l'anglais par S. Monod, Paris, Gallimard, 2005, p. 1152.

la fin du monde ? Est-ce la mort de la lumière ? ». Paradoxalement, plus l'histoire racontée s'enfonce dans les ténèbres, plus filtre une autre lumière, qui rejoint Franz au plus obscur de ses jours. « Une lumière nouvelle se diffuse », dit-il alors qu'il subit humiliation sur humiliation, et reçoit coup sur coup. Sa voix, qui glisse sur les images de sa déréliction, épouse alors celle du psalmiste dans son adresse à Dieu : « Tu es ma lumière. Devant toi la ténèbre n'est point ténèbre. Fais briller la lumière qui ne finit pas » (cf. Psaume 27,1 ; 139,12 ; 18,28). Toute la lumière récoltée à même la création, dans les paysages de montagne, sur les graminées couchées par le vent, se concentre et se réfracte alors dans l'expérience la plus intérieure. Le cinéma reçoit ainsi une qualité nouvelle, qui exauce sa qualité épiphanique innée, celle d'être art de la lumière. Il rejoint en cela l'art de l'icône, elle aussi vouée à une forme de transparence. Dans son film sur Roublev, Andrei Tarkovski a déjà exploré l'analogie (et la différence) entre l'icône et l'image projetée.[5] Malick donne à la vocation épiphanique du cinéma une traduction personnelle. Chez Malick, écrit Olivier Delcroix, « la lumière est une actrice à part entière. On a parfois le sentiment que c'est la source d'où il tire la substance de son cinéma ». *Au point d'aboutissement de l'œuvre, la lumière est là, de plus belle.* L'écran est, de la première à la dernière image, le lieu d'une traversée et d'une diffraction de la lumière. Filmée et projetée, recueillie sur les sommets et sur les traits d'un visage au plus profond des ténèbres, la lumière se diffracte sur l'écran et traverse tous les écrans de la perception. Le cinéma de Malick est en cela « théophanique », il se tient tout entier dans l'effectivité de la parole divine et créatrice « Que la lumière soit ».

La dernière fois que la voix de Franz résonne dans le film, on l'entend dire, dans une lettre adressée à ses filles : « Quand vous lirez cette lettre, votre père sera mort. Je prierai pour vous depuis l'autre côté ». Depuis l'autre côté de l'écran ? Depuis la lumière se diffractant sur l'écran ?

5. Voir notamment A. Bonfand, *Le cinéma saturé. Essai sur les relations de la peinture et des images en mouvement*, Paris, Vrin, 2011, p. 269-298.

LA CIVILTÀ
CATTOLICA

REVUE PARAISSANT EN FRANÇAIS 10 FOIS PAR AN

ABONNEMENT

FRANCE-SUISSE-BELGIQUE-ZONE EURO

1 an : 100 € / 110 Frs – 2 ans : 190 € / 210 Frs – 3 ans : 280 € / 310 Frs
le numéro 11 €

AUTRES PAYS

1 an : 180 € – 2 ans : 350 € – 3 ans : 510 €
le numéro 19 €

L'abonnement est à régler par virement ou par chèque à l'ordre de Parole et Silence / La Civiltà Cattolica

★

France
Éditions Parole et Silence – 60 rue de Rome – F-75008 Paris
Banque Martin Maurel
IBAN : FR76 1336 9000 0660 7894 5101 384
BIC : BMMMFR2A

Suisse
Éditions Parole et Silence – Le Muveran – CH-1880 Les Plans sur Bex
Banque Cantonale du Valais
IBAN : CH77 0076 5000 U085 5724 7
SWIFT / BIC : BCVSCH2LXXX

www.paroleetsilence.com
paroleetsilence@omedia.ch

www.paroleetsilence.com

Pour recevoir les informations sur nos parutions, envoyez vos coordonnées à :

Éditions Parole et Silence
60, rue de Rome
F - 75008 Paris

ou

17, route du Muveran
CH - 1880 Les Plans sur Bex

paroleetsilence@omedia.ch

-------------✂--

Nom : ....
Prénom : ....
Adresse : ....
....
Code postal : ....
Ville : ....
E-mail : ....
Téléphone : ....
Fax : ....

Je souhaite être informé(e) des publications des Éditions Parole et Silence.

Achevé d'imprimer le 19 mai 2020
sur les presses de
La Manufacture - Imprimeur – 52200 Langres
Tél. : (33) 325 845 892

N° imprimeur 200352 - Dépôt légal : juin 2020
Imprimé en France